Axel Theodor von Goës

A Synopsis of Arctic and Scandinavian Recent Marine Foraminifera Hitherto Discovered

Axel Theodor von Goës

A Synopsis of Arctic and Scandinavian Recent Marine Foraminifera Hitherto Discovered

ISBN/EAN: 9783337329259

Printed in Europe, USA, Canada, Australia, Japan

Cover: Foto ©ninafisch / pixelio.de

More available books at **www.hansebooks.com**

A SYNOPSIS

OF THE

ARCTIC AND SCANDINAVIAN

RECENT MARINE

FORAMINIFERA

HITHERTO DISCOVERED

BY

AXEL GOËS.

WITH TWENTY-FIVE PLATES.

COMMUNICATED TO THE R. SWEDISH ACADEMY OF SCIENCES OCTOBER 12, 1892.

STOCKHOLM 1894.
KUNGL. BOKTRYCKERIET. P. A. NORSTEDT & SÖNER.

A SYNOPSIS

OF THE

ARCTIC AND SCANDINAVIAN

RECENT MARINE

FORAMINIFERA

HITHERTO DISCOVERED

BY

AXEL GOËS.

WITH TWENTY-FIVE PLATES.

COMMUNICATED TO THE R. SWEDISH ACADEMY OF SCIENCES OCTOBER 12, 1892.

STOCKHOLM 1894.
KUNGL. BOKTRYCKERIET. P. A. NORSTEDT & SÖNER.

This Synopsis is founded on materials extant in the Swedish State Museum and for the most part brought together by the various arctic expeditions which during the two decennaries 1858—1878 were fitted out from Sweden, as also by the dredgings of numerous naturalists which for many years have investigated its shores.

A brief review of the cruises and dredging-excursions thus carried out, will give the reader some notice about the stations searched.

In the year 1858 Otto Torell, accompanied by Adolf Nordenskiöld and Aug. Qvennerstedt, undertook a private cruise of two months on the western parts of Spitzbergen, and brought home extensive marine and geological collections, particularly from Icesound, Bellsound and Hornsound, where they reached the greatest depth at 900 meters.

The arctic expedition of 1861, with O. Torell as leader, resulted also in rich collections, made by Andrew Malmgren, Adam Frederic Smitt, and myself. Extensive dredgings were undertaken in the bays and surrounding seas of the western, northern, and eastern parts of Spitzbergen, and the late Dr. Karl Chydenius from Helsingfors made deep sea soundings in 75° n. lat. and 12° east long., where the bottom was caught in 1,869 meters, and in 76° 17' n. lat., 13° 53' east. long., where the Bulldog machine struck bottom at a depth of 2,490 meters.

In 1864 a reconnoitering expedition under the command of Nordenskiöld, accompanied by Malmgren as zoologist, visited the southern bays of Spitzbergen and brought home valuable collections.

In 1868 the steamer "Sophia", commander now Admiral Baron F. W. von Otter, was sent to the seas of Spitzbergen on an expedition the scientific chief of which was Nordenskiöld, while Smitt and Malmgren were attached as zoologists. Numerous dredgings were executed and deep sea soundings made, so in 81° 32' n. lat. northwest from Spitzbergen, where the sounding machine brought up bottom clay from 2,314 meters, and in 78° 26' n. lat., 2° 17' west. long., from 4,700 meters, besides at other stations west and northwest of Spitzbergen from depths of 1,000—2,000 meters.

During a reconnoitering tour to Greenland in 1870 Nordenskiöld was accompanied, amongst other men of science, by Dr. P. Öberg who at several places in Baffins Bay brought up quantities of typical arctic Foraminifera of high development, from a depth of 100 to 650 meters. The principal stations were Jacobshavn, Clanshavn, Tossukatek, Disco.

Dr. JOSUA LINDAHL, who previously had assisted at the scientific cruise of the "Porcupine", had the fortune in 1871 to join H. M. gunboats "Ingegerd" and "Gladan", on their visit to Greenland. He made deep-dredgings with the best result in the north-western Atlantic, and in Baffins Bay up to 72° n. lat. In 53° 34' n. lat. and 52° west. long. he got some hauls from 1,780 meters.

In the year 1875, when NORDENSKIÖLD set out for the Kara Sea, Nova Zembla and the Yenisej river, he was joined by HJALMAR THÉEL and ANTON STUXBERG. In 1876 and 1878 about the same parts of the Arctic Sea were again visited, the last year by the renowned Expedition of the "Vega". The greatest depth in these seas seems to be about 270 meters.

As for the Scandinavian seas they have been perseveringly searched by several of our ablest zoologists. SVEN LOVÉN who was the first who undertook systematically to explore our western shores already in the year 1834, has largely contributed to our knowledge of the fauna of Evertebrates from these parts of the North-Atlantic.

In 1865 Dr. AXEL LJUNGMAN made a successful dredging tour to the Koster Islands in the Skagerack, and in 1889 I visited these islands myself, both voyages resulting in a good harvest of Foraminifera. The greatest depth in this part of the Skagerack amounts to about 220 meters.

On a surveying cruise of H. M. gunboat "Gunhild" in 1877 HJ. THÉEL and CARL BOVALLIUS made dredgings with the best result in the Skagerack to the depth of 900 meters. In the two following years the same work was continued by THÉEL, FILIP TRYBOM and C. FORSTRAND, along the coasts of the southern and western provinces of Sweden.

During the past decennium important contributions to the collections have been made by CARL AURIVILLIUS and AXEL WIRÉN, which on their stays at the biological station of the Swedish Academy of Sciences on our western coast, have made interesting finds particularly in the bay of Gullmaren, where a well developed Rhizopodal fauna is met with in 150 meters.

In the deep bays of Norway, as in the fjords of Qvænangen and Hardanger, CARL AURIVILLIUS with his usual sedulity and success performed extensive dredgings in 1884 and 1888. But for our acquaintance with the Rhizopod fauna of these places we are mainly indebted to the eminent English naturalist Reverend Dr. M. NORMAN, who in 1883 with the greatest liberality presented to our State Museum an exquisite collection from various Norwegian localities, which he had visited several times. From the surroundings of Bergen in Norway WILH. LILLJEBORG and GUSTAF LINDSTRÖM carried home some materials which have yielded many interesting forms.

It is due also here to recall the work done by RUPERT JONES and W. KITCHEN PARKER which, as early as in 1857 and 1865, had largely contributed to our information regarding the North-Atlantic Rhizopodal fauna; as also that of Mr. HENRY BRADY in several papers on the finds of the last English and Austrian arctic expeditions, reproduced in his great work on the Foraminifera in the Challengers Report 1884.

For the sake of a completing comparison some extraneous forms have also been introduced in this synopsis, as from SMITTS and LJUNGMANS fine collections from the Atlantic off the Azores, and from my own finds in the Caribbean Sea.

Although, in this way, many and various localities have been searched, it is still not to be expected, that our collections at present should afford materials enough for a somewhat complete synopsis and study of the fauna in question. Many a time the whole material from a locality consisted of a small quantity of sand or mud accidentally adhering to the more conspicuous contents of the dredge, and only occasionally I have been enabled to examine somewhat larger quantities of bottom samples. Particularly amongst the Astrorhizidæ and Trochamminidæ, as also in the family of Lagenæ, we may expect to find in our latitudes numerous forms not here recorded.

In arranging the members of this fauna I have adhered to the Linnean method of distinguishing the species by the least fickle features which in every case present themselves. Any other method of systematizing, aiming at an unnatural differentiation of allied forms on the basis of smaller differences, results only in confused crowds of nominations of no distinctive or specific value and of no benefit whatever for our study. Intermediate forms, presenting unimportant differences from the typical species, I therefore range as "varieties" or "allied forms" with or without distinctive denominations.

Any one who for some length of time has been engaged in the study of this class, is familiar with the common occurrence of even great diversity between individuals apparently issued from the same stock. Whenever this is the case we should not be too prone to dissociate such forms under different denominations, the more so as it may be expected that the employed 'characters' are not available for a satisfactory limitation of more validity than what concerns local and individual minor discrepancies. Thus, in systematizing this class, it is not at all needed to rank "varieties" as "species", as has been insisted upon by BRADY. Although it would be consistent with nature to speak of "variety of variety", we are not compelled to carry out such a scheme, when we *coordinate* all varieties under their type species. It is neither easier nor more difficult to characterise distinct species amongst an assemblage of forms of this class than is the case within other classes of organisms, particularly when we have to deal with allied forms extending over several geological horizons or areas of the sea. Intermediate forms and varieties are met with at every instance, and this course of things will always bring about a more or less deficient limitation of species and genus, but by giving the notion of species its due compass, and expanding the sphæres of genera, always selecting the more constant differential features, we may overcome a good deal embarassing inconsistences in the system, the chief purpose of which should be to unfold the affinity and origin of the forms.

A discrepance in the features of forms issued from the same stock, is not seldom met with in this class, and this kind of variation has brought about and still causes a great deal of confusion in systematizing. It evidently arises from the various degree of development of the initial segment or primordial embryochamber which is subject to some variation in the same species or even in the same individual or "colony". This variableness seems to concern not only the size but also the power of growth of the embryo-chamber, and results in modifications of the arrangement of the subsequent segments.

If we examine, for instance, a "Flabelline" Frondicularia, Fig. 1, *A*, we will readily distinguish a small embryonal or primordial segment (*e*) that brings forth a larval stage with five segments (*l*), disposed in a manner which constitutes the Vaginulina shape or the nearly allied Crepidula form amongst the Nodosarinæ. Subsequent to this stage we find the segments arranged in the peculiar Frondicularia manner, representing the mature or fully developed stadium (*m*), and commencing when the larval stage has completed its fifth segment.

Another modification of the same form is represented in Fig. *B*. The initial segment is here about twice as big as in *A*, or somewhat more, and the larval stage shows but three segments, whereupon the mature Frondicularia stage ensues.

Lastly we meet with the form *C*, generally provided with a larger initial segment, which regarding its power of growth or maturity seems to equalize the whole embryonal and larval condition of the animal, assuming at once the mature Frondicularia segments. In all other respects these three forms resemble each other and ought not be ranked as different species. They have all originated from somewhat differentiated primordial embryo-

Fig. 1. Frondicularia alata d'Orb, with 3 different forms of its larval stage.[1]

segments, and the arrangement of the subsequent segments apparently bears a certain physiological relation to the development of the initial stage.

The least developed primordial segment (*1*) is apparently tending to bring forth a larval stage that inherits the form of the original type (here Vaginulina) and it has to go through a more retarded evolution before it reaches maturity (fig. 1 *A*). A more powerful initial segment (*2*) gives rise to a more readily performed larval development, its segments being stronger but reduced in number, and more apt to grow into the mature stage (fig. 1 *B*). The highest developed embryo-segment (*3*) gives rise to a true "Frondicularia" (Fig. *C*) without any intervenient larval stage. Thus it will be obvious that the number and form of the larval segments must become subject to great variation, and stages with two and several segments will therefore be met with in the same species of Frondicularlæ.

Thus, in this instance, we have before us the plainest proceeding of evolution from one type to another, in which an earlier type becomes larva for another type. At last the larval condition is reduced to a single segment and a new form has originated, seemingly standing without much morphological connection with its origin.

[1] The different embryo segments are represented as occupants of the mature segments, but in reality the larger ones are probably generated outside of the chambers.

It must, however, be borne in mind, that the smallest embryo segments not always give rise to a dimorphous colony, but at once assume the mature arrangement of the segments. Such forms are often apt to a pygmean growth. The same mode of evolution in other genera, particularly in Miliolina, has been made the object of most painstaking researches by the experienced Rhizopodologist M. SCHLUMBERGER, who with the utmost skill and sedulity, in numerous papers[1] — mostly during the last seven years published in the Mémoires and Bulletins de la Société Zoologique de France and in Mémoires de la Société géologique de France — has produced masses of examples of this evolutional process in some Miliolinæ. In these excellent expositions it is stated, that the smallest primordial segments give rise to a larval stage generally of *quinqueloculine* arrangement of the segments, often succeeded by a *triloculine* development, whereupon follows the mature biloculine condition.

Instances of a total *triloculine* larval stage will also be met with, being a shorter step to the fully developed *biloculine* stage. The initial segment in such forms is generally somewhat larger than in the last mentioned forms.

As in the instances of polymorphism in *Frondicularia* the differences in the arrangement and number of segments in the larval stage are subject to great variation, so may also the polymorphism in the *Miliolinæ* be looked upon as vacillating gradations of evolution, which cannot afford satisfactory distinctions for establishing species; and that so much the less, when we consider, that initial segments with different power of growth are as stated above, produced by one and the same individual segment. An arrangement of the larval segments may in several instances appear as being directed by a clear mathematical rule, but which at another time will be eclipsed by irregularities and exceptions.[2]

To show how little attention has been paid to these facts even by reputed Rhizopodologists I will reproduce some of v. REUSS' designations amongst an assemblage of *Nodosarina communis* D'ORB, with varieties, depicted by v. SCHLICHT in his valuable memoir, the Foraminiferen des Septarienthones von Pietzpuhl 1870 (Wien Ak. S. Ber. 62, p. 155).

To any one experienced in dealing with this category of organic forms it will be obvious, that all the forms here (Fig. II) represented from fig. 1 to fig. 22 must be grouped under *Nodos. communis* D'ORB. var. *consobrina* D'ORB. (a denomination, which will be better substituted by "*pauperata*" D'ORB. the nomen triviale "*consobrina*" being superfluous). As usually the segments of the more developed stages become more or less inflated and present constricted sutures.

Fig. 23—26 represent forms approaching *Nod. Roemeri, oricula* D'ORB. and perhaps the allied *farcimen* SOLD. but may also be considered as a feeble form of the preceding.

Fig. 27—34 are forms of *N. communis* D'ORB. and not distinct from *Nod. Roemeri* and *mucronata* NEUGEB.

---

[1] For the courteous communication of his memoirs I have to acknowledge my great obligations to the author. Valuable informations and suggestions on this subject have also been advanced by VAN DEN BROECK in Bull. R. Soc. Malac. Belge (1893). 28; and in Bull. Soc. Belge Géol. (1893). 7. For transmission of his able papers I stand under great obligation to this author.

[2] For a fuller account of the "dimorphism" see my paper "Om den så kallade verkliga dimorfismen hos Rhizopoda reticulata" 1889, Bih. till K. Sv. Vet. Ak. Handl. 15. 4. No. 2.

Fig. 11. Nodosarina communis d'Orb. with 3 allied forms.

1, 6, 7, 8, 9, 15, 23, 24. *N. consobrina* (d'Orb.) Rss. — 2. *N. Verneuili* (d'Orb.) Rss. — 3, 4, 10. *N. vermiculum* Rss. — 5. *N. Hatcheri* Rss. — 11. *N. aruticauda* Rss. — 12. *N. laxa* Rss. — 13. *N. subaequalis* Rss. — 14. *N. inflexa* Rss. — 16, 18, 20, 21, 26. *N. hispidula* Rss. — 17. *N. Beuningeni* Rss. — 19. *N. approximata* Rss. — 22. *N. plebeja* Rss. — 25, 29. *N. indifferens* Rss. — 27, 31. *N. incensa* Rss. — 28. *N. mucronata* (Neugeb.) Rss. — 30, 35. *N. obliquata* Rss. — 32. *N. abnormis* Rss. — 36. *N. communis* (d'Orb.) Rss. — 33, 34. *N. pygmaea* Rss.

Fig. 35—36 *Nod. communis* D'ORB. approaching the slender form called *badenensis* D'ORB.

Thus, amongst the whole assemblage of figured forms which v. REUSS has distinguished as 19 species, we are unable to discern more than one type species with its 2 or 3 varieties. Many more instances of a thoroughly arbitrary differentiation of forms could be produced, and the chosen one is not to be considered as being of a more extravagant character than that displayed in works of several other writers.

Amongst features and morphological structures which cannot reasonably be considered as of any but relative value for distinctive purposes are to be pointed out the following:

the *absence or presence* of a *marginal wing* or *keel*, of *marginal spines*, of *pseudopodal tubes*, of *"beads"* scattered over or covering the surface, and of *limbation of the sutures*.

Striation of the shell-surface is also a rather unsteady feature, one part of the shell often being striated, another part smooth.

The *number of ridges* is subject to great variation, for instance among the Lagenae, Nodosarinae, and Miliolinae.

The shape of the aperture of some genera exhibits a remarkable degree of variation, with great diversity between the young and older stages in one and the same "colony", particularly amongst Miliolinae.

The limitation of the genera in this class has been subject to just as many incongruities as the ranging of the species. Several families, particularly Nodosarinae, Buliminae, Miliolinae, offer ample illustrations of the shortcoming of an uncalled for endeavour to dissociate allied types. When the boundary-lines of distinction drawn up between the genera at every instance not hold good, we must fall in with a spurious differentiation encumbering the system with distinctions totally in want of reasonable qualifications. The usual result of such a device is that the student soon will be confronted with forms which reasonably would be ranked under *one* species, but still, according to the artificial differentiation, are disjoined under two—three spurious genera. Such instances are not seldom met with in D'ORBIGNY's and other distinguished authors' arrangement of genera. In the agglutinating groups the institution of genera seems founded on a singularly arbitrarious basis. Nay, the whole order *"arenaceous"* is scarcely based on sound discrimination.

The inconsistency in instituting the *"arenaceous"* Foraminifera as a separate group is shown among such genera as *Textularia*, *Miliolina* and *Bulimina*, which often exhibit forms with agglutinating test, and still must be ranged with their calcareous congeners. Certain facts seem also to support the view advanced by MELCH. NEUMAYR[1] and others, that a great deal of the homogeneous calcareous Foraminifera have taken their origin from arenaceous forms. It would, therefore, not be surprising to meet with Polystomella-Nonioninae, and other calcareous forms, in the same agglutinating condition. Further in-

---

[1] M. NEUMAYR: Die natürlichen Verwandtschaftverhältnisse der schalentragenden Foraminiferen; Wien, Ak. Sitz. Ber. (1887). 95. 1.

quiries may bring forth several instances of this category, and it would consequently be found that a great deal of arenaceous forms are too nearly allied to the calcareous ones to be grouped so far asunder from one another as usually they have been. NEUMAYR's disposition of the Foraminifera in 5 families, some containing arenaceous genera coordinated with the homogen-calcareous ones, is very acceptable as being more consistent with our notion of the close alliance between the agglutinating and not agglutinating forms of *Textularia* and *Miliolina*. Whether the different genera in NEUMAYR's system in every instance have been ranged under their proper tribus or place of affinity, is a question that may be subject to a variance of opinions, but his device is worthy of the Rhizopodologists great attention. For deciding in these matters we are in demand of far more extensive assemblages of forms both recent and extinct than as yet have come to notice.

As to the "arenaceous" group, in its present usually adopted arrangement, there would be some reasonable ground for objections even concerning the disposal of its sub-families and their genera. Some of these sub-families are apparently in want of true natural distinctions, for we are not able to consider the nature of the cementing and the smoothness of the surface as of sufficient distinctive value for instituting families and genera (Cnf. BRADY, Challeng. Rep. 9, 1884, p. 63—67). On such fickle ground the tribus Rhabdamminea has been splitted up in 9 genera. The Lituolinea have been subject to the same treatment. The limits between the Nodosarina-like Lituola and the Nautiloid ones are as faint as between the true Nodosarina and their allied Cristellaria.

Under the subfamily *Trochamminea* the most heterogenous forms have been ranged on account of their tests being more finely agglutinated and compacter than in *Lituolinea*; and far apart from both these subfamilies have been placed the closely allied *Cyclamminea* on no other ground than the cellular or cancellated condition of the shell-wall in the larger forms of the family, while these features are sometimes wanting in the smaller ones.

With these few remarks on the usually adopted plan of systematizing this class I have intended only to convey to the interested student an idea of the several blanks in our information regarding the real affinities between the genera and forms in question.

For much valuable assistance in preparing this synopsis I have to acknowledge my great obligation to Professor S. LOVÉN who has put at my disposal for examination the whole collection of Rhizopodes belonging to the Swedish State-Museum.

Professor G. LINDSTRÖM, of the Palæozoic Department of the same Museum, has with unremitting interest kindly communicated to me papers of later dates on the subject which, without such an able assistance probably would have escaped my notice. To Mr. CHARLES DAVID SHERBORN in London I am greatly indebted for communicating to me his most valuable Bibliography of the Foraminifera which publication is indispensable to the study of this class.

Sincere thanks are also due to the well-known Rhizopodologists MM. JOSEPH WRIGHT of Belfast and FORTESCUE MILLETT in Cornwall which gentlemen with the greatest liberality have furnished me with type-samples from their own and other english writers' descriptive papers.

To the Geheimrath CARL MOBIUS in Berlin I am under obligation for lending me for examination good many examples belonging to the German State Museum; as also to Professor W. DAMES, curator of the Geological-palæozoic Departement of the Museum, for his kind assistance in enabling me to examine the tertiarian and chalk Foraminifera under his care.

To my friend Cav. LUIGI DI ROVASENDA at Sciolze it is a pleasant duty to express my hearty thanks for his efficient assistance and kind hospitality while on a stay in Piemonte last spring in search of tertiarian Foraminifera. I have also to acknowledge the communicating of valuable papers and advices in connection with this essay from Prof. FED. SACCO, Rev. ERM. DERVIEUX, Dr. G. DE AMICIS in Turin and from Dr. C. FORNASINI in Bologna.

ASTRORHIZA Sandahl.

A. limicola Sandahl.
Tab. I. figg. 1—3.

Depressa, lenticularis, brachiis 7—15 radiantibus, marginalibus, apice in brachiola irregulariter plerumque divisis; testa minus crassa, nunc maxima e parte e limo nunc e sabulo et glarea constructa; nigrogrisea aut brunnea.

Brachiola flexilia, membranacea, limo et arena sparse intexta, fragilia, caduca. Interdum tumidiuscula.

Fig. 1: forma luxurians e limo et glarea constructa; ad insulas Koster Bahusiæ, profund. metr. 130 (Dr. A. Wirén).

Figg. 2—3: formæ solitæ, e fretis insularum Koster; profund. metr. 15—30. (Fig. 3: A. arenaria auctorum).

Astrorh. limicola Sandahl, 1857: Nya former af Rhizopoder; Sv. Vet. Ak. Öfvers. 14, p. 301, t. 3, ff. 5—6.
Astrodiscus arenaceus E. Schulze, 1874, 2te Jahresber. Commiss. Wissensch. Untersuch. deutschen Meere 1872—73, 5, p. 113, t. 2, f. 10.
Hæckelina gigantea Bessels, 1874: Hæckelina gigantea, ein Protist d. Monothalamien, Jenaische Zeitschr. 9, p. 265, t. 11.
Arcnistella elegans, Fischer et Folin, 1875: Les fonds de la mer 2, pp. 26 & 52; Fischer, 1875, Note sur un type particulier des Rhizopodes (Astrorhiza), Journ. Zool. 4, 1875, p. 510, t. 1, ff. 1—4.
Astrorh. limicola Brady, 1884, Chall. Rep. 9, p. 231, t. 19, ff. 1—4.

Hab. ad oras Scandinaviæ occidentales, metr. 8—60 passim.

A. arenaria Norman.
Tab. II. figg. 4—10.

Depressa aut ventricosa, irregulariter radiata aut ramosa, sæpe alciorniformis, brachiis apice nunc obtuso nunc extenuato, aperturis singulis.

Testa ex sabulo et arena constructa, brachiis interdum compressis. A præcedente non sat limitanda; nota a Brady (Challeng. Rep. p. 232) exhibita vaga, non specificæ, nec materia structuræ notas veras reddit.

Longit. mm. 6—18.

Figg. 4—5: e mari Spetsbergensi; profund. metr. 500—950.
Fig. 6: e fretis insularum Koster Bahusiæ, profund. metr. 15—25.
Figg. 7—8: e sinu Skagerack; profund. metr. 250; Fig. 8: facies marginalis.
Fig. 9: e sinu Söderfjord Norvegiæ; profund. metr. 444 (Dr. C. Aurivillius).
Fig. 10: e sinu Osterfjord Norvegiæ; profund. metr. 530 (Rev. Norman).

Astrorh. arenaria Norman, 1876, "Valorous" Cruise in Davis strait 1875, Proc. Roy. Soc. 25, p. 213.
Brady, 1879, Retic Rhizop. Chall. Exped. Qv. Journ. Micr. Sc. (n. s.) 19, p. 13.
Carpenter, 1876. On genus Astrorh. described as Hæckelina by Dr. Bessels; Quart. Journ. Microsc. Sc. (n. s.) 16, p. 221, t. 19, ff. 1—13 (ex parte?).
Brady, 1884, Challeng. Rep. 9, p. 232, t. 19, ff. 5—10.

Hab. mare germanicum, sinus norvegicos, mare arcticum; metr. 250—4,200 passim.

A. crassatina Brady.

Tab. II, figg. 11—15.

Ovalis aut irregulariter clavata, interdum fusiformis aut cylindrica; canali interna plerumque utrinque aperta, sæpe inæquali, passim dilatata; apertura sæpe coarctata, subcirculari; testa crassa ex sabulo fragmentisque testarum et spiculis spongiarum constructa; grisea, rudis; extremum alterum apertura interdum destitutum.

Figg. 11—12: lageneformis, e mari Spetsbergensi; profund. metr. 1,630; fig. 12: apertura unica.

Figg. 13—15: magis cylindrica, ex eodem loco, profund. metr. 2,670; fig. 14: apertura superna; fig. 15: apertura bulbi initialis.

Astrorh. crassatina, Brady, 1881. Ret. Rhizop. Chall. Exped., Qu. Journ. micr. Sc. (n. s.) 21, p. 47. Brady, 1884. Chall. Rep. 9, p. 233, t. 20, ff. 1—9.

Hab. mare arcticum Spetsbergense metr. 2,670 (Chydenius); metr. 4,630 (v. Otter); long. mm. 8—10.

STORTHOSPHÆRA E. Schulze.

S. albida E. Schulze.

Globosa aut subglobosa, rugosa spinisque crassis, brevibus, obtusis, sæpe irregulariter compressis, curvatis et subdigitatis obtecta; aperturis obsoletis.

Plerumque albidogrisea aut fusco-brunnea.

Diam. mm. 2—3.

S. albida Schulze, 1875. 2tr. Jahresber. Commiss. wissenschaft. Untersuch. der deutsch. Meere 5, p. 113, t. 2, f. 9.
Brady, 1884. Challeng. Rep. 9, p. 241, t. 25, ff. 15—17.

Hab. in sinubus norvegicis, profund. metr. 320—640 passim (Rev. Norman, Dr. Appellöf).

SACCAMMINA M. Sars.

S. sphærica M. Sars.

Tab. III, figg. 16—18.

Globosa aut subpyriformis, interdum fusiformis; apertura circularis sæpe in tubulo brevi patens.

Nunc ex arena tenui nunc sabulo structa, plerumque grisea aut ferruginea; magnitudine valde varians, mm. 0,5—3,0.

Interdum bi-triloculata.

Figg. 16—17: exemplum mediocre e fretis insularum Koster Bahusiæ, profund. metr. 50—100.

Fig. 18: pygmæa e sinu Skagerack profund. metr. 580.

Saccammina sphaerica M. Sars, 1868, Vidensk. Selsk. Forh. 1868, p. 248.
  Brady, 1884, Challeng. Rep. 9, p. 253, t. 18, ff. 11—17.

Hab. ad oras occidentales Scandinaviæ profund. metr. 2—1,000 saepe frequentissima; mare Groenlandicum metr. 500 (Prof. Dr. Lindahl, Dr. Öberg).

PSAMMOSPHÆRA E. Schulze.
P. fusca E. Schulze.
Tab. III, fig. 19.

Sphaerica aut subsphaerica, apertura communis nulla; ex sabulo plerumque crasso constructa; nunc libera nunc affixa.

Forsan a praecedente immerito disjuncta.

Fig. 19: e mari Norvegico profund. metr. 530.

Psammosphœra fusca F. E. Schulze, 1874, 2te. Jahresber. Commiss. Untersuch. deutsch. Meere 1872—73, 5. p. 113, t. 2. f. 8.
  Brady, 1879, Rev. Rhizop. Chall. Exped. Qu. Journ. micr. sc. (n. s.) 19, p. 27, t. 4, ff. 1—2.
  Haeusler, 1883, Astrorh. u. Lituol. Birnammat zone (Jura); Leonh. u. Brauns Jhb. 1883, p. 57, t. 3, f. 1.
  Brady, 1884, Chall. Rep. 9, p. 249, t. 18, ff. 1—8.

Hab. ad oras Scandinaviæ occidentales metr. 40—200 cum praecedente minus frequens; Diam. mm. 0.30—3.

TECHNITELLA Norman.
T. legumen Norman.
(Tab. III, figg. 20—27).

Teres aut subcompressa, elongata plerumque paullum curvata; parte primordiali obtusa, rotundata aut apiculata; parte orali plerumque attenuata, apertura irregulariter rotundata interdum valvulata aut cruciata, subproboscidea; albida aut cinerea saepissime ex spiculis spongiarum contexta, sublaevis, flexilis; interdum ex sabulo constructa.

Figg. 20—22: exempla magnitudine varia;
Figg. 23—25: aperturae diversae.
Fig. 26: longitudinaliter, fig. 27 transverse secta.

Technit. legumen Norman, 1878, Genus Haliphysema, A. M. N. H. (5) 1, p. 279, t. 16, ff. 3—4.
  Brady, 1884, Chall. Rep. 9, p. 246, t. 25, ff. 8—12.

Hab. ad Koster insulas profund. metr. 100—178 passim. Long. mm. 2.25—4.

CRITHIONINA Goës.

Labyrinthica sive cavernosa aut cavo indiviso centrali pariete subcavernoso praedita; aperturis sparsis aut indistinctis.

C. granum n. s.
Tab. III, figg. 28—33.

Sublenticularis aut subglobosa aut oblonga, plerumque obsolete polygonata, sublaevis; aperturis minutis sparsis, interdum nonnullis paullo majoribus unum in locum congregatis; toto interno quam maxime irregulariter cavernoso; e detrito tenuissimo spiculisque spongiarum plerumque structa, friabilis, argillaceo-cinerea.

Fig. 28: exempli lenticularis faciem lateralem exhibens; diam. mm. 2.00.
Fig. 29: facies marginalis ejusdem.
Fig. 30: oblonga, irregulariter obtuse trigona; longit. mm. 4.00.
Fig. 31: exemplum idem de extremo visum.
Fig. 32: facies alius apicalis aperturas aut scrobiculos nonnullos praebens.
Fig. 33: sectio longitudinalis ejusdem, cavernosam structuram exhibens.

Hab. in sinu Skagerack profund. metr. 300 haud frequens (Doct. J. Lindahl).

C. mamilla n. s.
Tab. III, figg. 34—36.

Plerumque affixa, subglobosa aut semiglobosa, sublaevis; pariete crasso, subspongioso; camera centrali subsphaerica diametro crassitudinem parietis aequante, indivisa; aperturis minimis sparsis; e detrito tenui structa; argillacea.

Fig. 34: facies superna.
Fig. 35: sectio transversa, canaliculum divisum exhibens.
Fig. 36: facies lateralis.

Hab. in fretis insularum Koster, Bahusiæ, profund. metr. 106, in Zostera mortua affixa, haud frequens (Gots.) Diam. mm. 1.50.

HALIPHYSEMA Bowerbank.
H. Tumanoviczii Bowerb. var abyssicola n.
Tab. III, figg. 37—38.

Tubi tenues simplices orificium apicale versus sensim dilatati, e lamina basali, irregulari, nodosa et lobata quasi stolones exeuntes; apertura elliptica, corona spiculorum spongiarum circumdata; ex spinulis spongiarum longitudinaliter dispositis maxime contexta; cinerea; mm. 4.0—5.0 alta.

A forma typica Bowerbanki statura magis elata et trunco extenuato diversa; typicam etiam nostris in maribus occurrere probabile est.

Fig. 37: truncus.
Fig. 38: apex cum apertura.

Hab. mare Germanicum Lophoheliæ adhaerens, profund. metr. 540, haud frequens.

BATHYSIPHON M. Sars.
B. filiformis M. Sars.
Tab. III. figg. 39—41.

Tubus aequalis aut subaequalis, plerumque paullum arcuatus, utrinque apertus, sublaevis, segmentatione spuria, internodiis cylindricis, subfusiformibus aut subclavatis; intus indivisus.

Albidus aut griseus ex spiculis spongiarum magna ex parte constructus; subflexilis, tenax.

Fig. 39: forma tenuis.
Fig. 40: elata.
Fig. 41: longitudinaliter sectus.

Bathysiphon filiformis (M. Sars) G. O. Sars, 1871, Vidensk. Selsk. Forh. 1871. p. 251.
Brady, 1884, Chall. Rep. 9. p. 248, t. 26. ff. 15—20.

Hab. in sinu Hardanger profund. metr. 350 (Doct. C. Atkravitusi); Korsfjord profund. metr. 300 (Norman) haud infrequens; long. mm. 15—25—50 diameter tubi valde varians.

HYPERAMMINA Brady.
H. subnodosa Brady.
Tab. III. figg. 42—54.

Cylindrica, elongata, interdum subclavata, suturis constrictis passim instructa; parte primordiali ovali aut inflate subpyriformi, cujus cavum internum globosum aut ovatum; septis spuriis incompletis aut nullis; apertura lumen tubi totum occupante, aut paullum coarctata. Plerumque grisea-argillacea aut albida, e sabulo rudis.

Emaciatae, magis attenuatae, septis subcompletis, interdum occurrunt, Reophaci noduloso approximantes.

Suturis interdum obsoletis, testa magis aequali a Hyperammina friabili difficile distincta.

Fig. 42: exemplum camera primordiali valde inflata.
Fig. 43: apex cum apertura coarctata; Fig. 44: camera primordialis exempli alius; e Atlantico boreali profund. metr. 1,750.
Fig. 45: exempl. e sinu Groenlandico Claushavn profund. metr. 500.
Figg. 46—47, 50—53: emaciatae in Reophacem vergens, e Groenlandico mari profund. metr. 500.
Figg. 48—49: ex Atlantico boreali profund. metr. 1,750; septis subcompletis.
Fig. 54: in Hyperam. friabilem Brady vergens, e sinu Baffini profund. metr. 1,200.

Hyperammina subnodosa Brady, 1884, Challeng. Rep. 9. p. 259, t. 23. ff. 11—14.

Hab. in sinubus Groenlandiae, Spetsbergensibus, marique Atlantico boreali profund. metr. 30—2,000; mm. 10—20 longae; emaciata mm. 5—10.

H. elongata Brady.

Tab. IV, figg. 55–58.

Cylindrica aut subcylindrica, recta aut paullum curvata, nunc lævis polita, nunc sabulo rudis, parte primordiali ovali aut subsphærica, plus minusve inflata; apertura nunc coarctata, nunc lumen tubi totum occupante. Fulva, grisea aut albida.

Forma sabulosa, angustata, curvata, bullo primordiali sæpe obsoleto a Jaculella difficiliter distinguenda.

Fig. 55: lævis, fulva aut fulvobrunnea, e fretis insularum Koster profund. metr. 80–120.

Fig. 56: sublævis e mari Spetsbergensi, profund. metr. 950.

Fig. 57–58: var. magis sabulosa, curvata, albogrisea, e mari Groenlandico profund. metr. 500, et e fretis Koster profund. metr. 70–180.

Hyper. elongata Brady, 1878, Ret. & Rad. Rhizop. Arct. Exped. 1875–76; A. M. N. H. (5) 1, p. 433 (ex parte).
    1884, Chall. Rep. 9, p. 257, t. 23, ff. 4, 7–10.
    — lævigata Wright, 1891, For. S. West. off Ireland, Proceed. Roy. Irish. Acad. (3) 1, p. 466, t. 20, f. 4.

Hab. ad oras Scandinaviæ occidental. metr. 50–170 passim nec non mare Atlant. boreale metr. 1,700; maria Spetsbergensis & Grœnlandica metr. 350–890; long. max. 5–10.

H. friabilis Brady.

Tab. IV, fig. 59.

Clavata, elongata, aut subcylindrica, testa crassa ex sabulo haud firme coherente et aliquando ex spiculis spongiarum constructa.

A præcedentibus non sat distincta.

Fig. 59: exemplum non sat typicum in H. elongatam vergens, e mari Bahusiæ prope insulam Hallö.

Hyperammina friabilis Brady, 1884, Chall. Rep. 9, p. 258, t. 23, ff. 1–3, 5–6.
Hyper. elongata Brady, 1878, Ret. & Rad. Rhizop. Arct. Exp. 1875–76, A. M. N. H. (5) 1, p. 433, t. 20, f. 2.
    Goës, 1882, Ret. Rhizop. Carib. Sea, Sv. Vet. Ak. Handl. 19, 4, t. 12, ff. 426–428.

Hab. mare Atlant. boreale metr. 500 rara; ad insulam Hallö Bahusiæ, profund. metr. 60.

H. vagans Brady.

Tab. IV, fig. 60.

Affixa; tubus æqualis, tortuosus et flexuosus, repens, e bullo primordiali exiens; plerumque lævis aut sublævis. Rufobrunnea aut fulva; Hyp. elongatæ propinqua.

Fig. 60: exemplum incompletum, ex Atlantico boreali.

Hyperammina vagans BRADY, 1879, Ret. Rhizop. Chall. Exped., Qu. Journ. micr. Sc. (n. s.) 19, p. 33, t. 5, f. 3.
BRADY, 1884, Chall. Rep. 9, p. 260, t. 24, ff. 1—9.

Hab. Mare Atlant. boreale metr. 1.750 (LINDAHL).

H. ramosa BRADY.
Tab. IV, figg. 61—62.

Tubus irregulariter curvatus et ramosus e bulbo primordiali exiens; truncus primus crassus, rami secundarii saepe angustiores; testa tenuis sabulo et spiculis spongiarum saepe rudis; albida aut flavida.

Fig. 61: stadium incipiens.
Fig. 62: pars ramosa trunci, e mari Atlantico boreali.

Hyperammina ramosa BRADY, 1879, Rhizop. Chall. Exped., Qu. Journ. micr. Sc. (n. s.) 19, p. 33, t. 3, ff. 14—15.
BRADY, 1884, Chall. Report, 9, p. 261, t. 23, ff. 15—19.

Hab. mare Atlanticum boreale metr. 1.700 (LINDAHL) rara; in sinu Hardanger fjord Norvegiae metr. 350 (Rev. NORMAN).

H. arborescens NORMAN.
Tab. IV, figg. 63—64.

Tubus sublaevis tenuissimus, setaceus, dichotomus, erectus, parte primordiali bulbosa affixa, apertura ramorum apicali irregulariter coarctata; nigrobrunnea, purpurescens; bulbo primordiali interdum caret. A Rhizammina algaeformi BRADY vix generice distincta. Algae pusillae similis; e chitino et sabulo tenui constructa.

Fig. 63: ex Atlantico extra Irlandiam profund. metr. 400; a Cel. Dom. Jos. WRIGHT benigne missa.
Fig. 64: trunci pars magis amplificata.

Hyperammina (Psammatodendrum) arborescens (NORMAN) BRADY, 1881, For. Austr. Hungar. Northpol. Exp. 1872—74, A. M. N. Hist. (5) 8, p. 404.
BRADY, 1884, Chall. Rep. 9, p. 262, t. 28, ff. 12—13, et xylographa, p. 263.
WRIGHT, 1885, For. Down & Antrim, Proceed Belf. nat. Field Club, 1884—85, Append. t. 26. f. 4.

Hab. ad oras Groenlandiae metr. 36 (NORMAN), altitudine mm. 3—6.

RHABDAMMINA BRADY.
R. linearis BRADY.
Tab. IV, figg. 65—66.

Tubus subcylindricus medio in cameram ovalem aut globosam dilatatus, rectus aut arcuatus, saepe irregulariter subnodosus; aperturae terminales plerumque haud coarctatae;

paries tubi crassus, parte inflata magis tenuis; pallida aut fusca; Rhabdamminae abyssorum Sars forsan forma pygmaea.
Nostra typo Bradyi validior.

Rhabd. linearis Brady, 1879, Rei. Rhiz. Chall. Exp., Qu. Journ. Micr. Sc. (n. s.) 19, p. 37, t. 3, ff. 10—11.
   Brady, 1884, Chall. Rep. 9, p. 269, t. 22, ff. 1—6.

Hab. mare Atlant. boreale metr. 1670 rara; ad Groenlandiam metr. 100, long. mm. 7—10.

R. abyssorum Sars.
Tab. IV, figg. 67, 68.

Tubi 3—5 radiatim dispositi, nunc tenues, nunc incrassati, plerumque ex camera irregulari centrali exeuntes, cylindrici aut apicem versus attenuati, singuli apertura apicali paullum coarctata praediti; rufobrunnea, scabra.
   Fig. 67: brachiis tenuibus, e mari Lofotensi Norvegiae, profund. metr. 530 (M. Sars).
   Fig. 68: magis robusta e sinu Baffini, Groenlandiae, profund. metr. 400.

Rhabdammina abyssorum M. Sars, 1868, Vidensk. Selsk. Forh. 1868, p. 248 (sine descriptione).
   Brady, 1884, Chall. Rep. 9, p. 266, t. 21, ff. 1—13.

Hab. Mare Atlanticum boreale, sinus norvegicos et groenlandicos metr. 350—4,000 passim, locis quibusdam frequentissima; long. mm. usque ad 25.

forma affinis:
   Tubo unico subrecto suturis subconstrictis, colore magis fusco.

R. discreta Brady, 1884, Chall. Rep. 9, p. 268, t. 22, ff. 7—10.
Rhabdopleura Dawson, 1870, Gulf. St. Lawrence; Canadian Natur. (n. s.) 5, p. 176, t. 7.

Hab. c. praecedente minus frequens.

BOTELLINA Carpenter.
B. labyrinthica Brady.
Tab. IV, figg. 69—86.

Tubiformis, apertura foramine irregulari simplici aut poris nonnullis exhibita irregularibus; interne costis et granis sabulosis irregulariter cancellata; parte primordiali plerumque paullum inflata, interne sublaevi, pariete tenui, interdum perforata; ex sabulo crasso constructa, saepe inaequalis, squalida, nido vermis similis.
   Forma nostra a typica statura minori, cancellis internis minus evolutis, incompletis differt; grisea aut ferruginea.
   Fig. 69, 73: exempla ordinaria.
   Fig. 70: tubus longitudinaliter apertus, cancellas exhibens.
   Fig. 71: sectio transversa tubi.

Fig. 72: sectio transversa bulbi.
Fig. 74: facies oralis aperturas poriformes praebens.
Figg. 75—80: exempla emaciata cum aperturis apicalibus cujusque diversis.
Figg. 81—86: exempla bulbo reducto perforato.
Figg. 82, 85: aperturae apicales.
Figg. 83, 86: aperturae bulbi.

Botellina labyrinthica Brady, 1881. Retic. Rhizop. Chall. Exp., (Qu. Journ. Microsc. Sc. (n. s.) 21. p. 48. Brady, 1884. Chall. Rep. 9. p. 279. t. 29. ff. 8—18.

Hab. ad Koster insulas Sveciae metr. 35 passim. (Ljungman, Goës); long. mm. 10—15.

JACULELLA Brady.
J. obtusa Brady.
Tab. IV. figg. 87—89; Tab. V. figg. 90—91.

Tubus subulatus angustus, elongatus, rectus aut leniter curvatus, haud segmentatus, parte primordiali (saepissime abrupta) bulbum minutum irregularem exhibente; apertura tubi plerumque haud constricta;

testa tenuis, firma, plus minusve sabulo rudis, interdum bifurcata; nunc brunnea nunc grisco-albida. Verme nematodea saepe occupata.

Fig. 87: exemplum ordinarium.
Fig. 88: apertura ejusdem.
Fig. 89: exemplum bifurcatum; ambo e freto insularum Koster.
Fig. 90: pygmaea cum facie sua aperturali, e Atlantico boreali profund. metr. 750. (dubia).
Fig. 91: cum facie aperturae, arena rudissima, e fretis insularum Koster, profund. metr. 100.

Jaculella obtusa Brady, 1884. Challeng. Rep. 9. p. 256. t. 22. ff. 19—22.

Hab. ad Insulas Koster Sveciae, metr. 60—180, haud infrequens; long. mm. 10—15.

HAPLOPHRAGMIUM v. Reuss.
H. canariense d'Orb.
Tab. V. figg. 92—101.

Discoideum, nautiloideum aut subnautiloideum, subcompressum, utrinque plerumque umbilicatum, anfractu ultimo praecedentes fere toto amplectente, segmentis paullum inflatis numero 7—10—11; suturis impressis, interdum paullum undatis; apertura rima arcuata, marginalis suturalis, interdum labiata; ferrugineum aut albidum, nunc scaberrimum nunc sublaeve; interdum pygmaeum testa tenui; aliquando valde incrassatum sequenti formae approximans.

Genus *Haplophragmium* a *Lituola* immerito a REUSS disjunctum, illud *simplicibus* hae *subdivisis* cameris.

Figg. 92—94: crassum, e sinu Skagerack, profund. metr. 300.
Figg. 95–96: e mari Carico Sibiriæ, profund. metr. 75.
Figg. 97–98: medium, tenue, e Gullmaren sinu Bahusiæ profund. metr. 130.
Figg. 99–101: pygmæum, e mari Spetsbergensi, profund. metr. 400.

Nonionina canariensis D'ORB., 1839, Foram. Canaries, p. 128, t. 2, ff. 33–34.
Placopsilina canariensis PARK & JONES, 1857, For. Coast. Norway, An. M. Nat. Hist. (2), 19, p. 304, t. 10, ff. 13–14.
Non. Jeffreysii WILLIAMS, 1858, Rec. For. Gr. Brit., p. 34, ff. 72–73 (minor, levior).
Lituola nautiloides var. **canariensis** PARK & JONES, 1865, North. Atl. & Arct. Oc., Phil. Transact. 155, p. 406, t. 15, f. 45.
Haplophragm. rotundidorsatum v. HANTK., 1875, Clav. Szab. Sch., p. 12, t. 1, f. 2.
canariense BRADY, 1884, Chall. Rep. 9, p. 310, t. 35, ff. 1–3, 5.

forma affinis: valde incrassatum.

H. crassimargo NORMAN, 1892, Mus. Normannum, p. 17.
BRADY, Chall. Rep. 9, t. 35, f. 4.

Hab. ad oras Scandinaviæ occidentalis, Groenlandiæ, Spetsbergiæ metr. 10–500 ubique frequens; diam. mor. 2—25. Var. crassimargo præsertim in maribus arcticis.

H. latidorsatum BORNEM.

Tab. V, figg. 102—123.

Nautiloideum, crassum aut subglobosum, plerumque sine umbilico, anfractu ultimo præcedentes amplectente, segmentis numero 4, rare usque ad 8, suturis sæpe minus incisis; fuscum aut ferrugineum; anfractus interdum irregulariter dispositi.

Figg. 102–104: e mari Spetsbergensi, lat. bor. 81° 19', profund. metr. 2,240.
Figg. 105—107: structura magis irregulari, e mari Spetsbergensi, profund. metr. 3,900.
Figg. 108—110: magis compressum, e mari Spetsbergensi.
Fig. 111: faciem marginalem præbens, valde irregulare, in H. turbinatum Br. vergens; ex eodem loco ac præcedens.
Figg. 112—114: minus irregulare, e mari Spetsbergensi profund. metr. 1,050.
Figg. 115—117: fere globosum, e sinu Skagerack, profund. metr. 240.
Figg. 118—120: pygmæum, e mari Spetsbergensi, lat. bor. 72°, profund. metr. 400.
Figg. 121—123: varietas lævior e freto insular. Koster, profund. metr. 180.

Nonionina latidorsata BORNEM., 1855, Septar. Thon. Hermsdorf, Zeitschr. deut. geol. Gesellsch. 7, p. 339, t. 16, f. 4.
Haplophragm. crassum REUSS, 1867, Stensaliz. Ablag. Wieliczka: Wien Ak. Sitz. Ber. 55, p. 62, t. 1, ff. 1–2.
GOËS, 1882, Ret. Rhizop. Carib. Sea; Sv. Vet. Ak. Handl. 19, t. 1, 12, ff. 419–420.
Lituola subglobosa M. SARS, 1868, Videnskabs-Selskab Forhandl., p. 250.
Haplophragm. latidorsatum BRADY, 1884, Chall. Rep. 9, p. 307, t. 34, ff. 7–10, 14.

Var. minus, sæpe umbilicatum, nitidum, suturis impressis, segmentis turgidis visibilibus numero 4.

Obs. Haplophr. scitulum Brady, 1884, Chall. Rep. p. 598, t. 34, ff. 11—13, submautiloideum, minus inflatum, cameris anfractus ultimi 8—11, statura minori forsan in plagis nostris occurrit.

Hab. mare Groenlandicum & Spetsbergense metr. 530. Haud frequentissimum, diam. mm. 1—2: nec non ad oras Scandinaviæ passim metr. 120—350, diam. mm. 0.30—1.5. Var. lævis ad insulas Koster metr. 181.

H. nanum Brady.

Tab. V, figg. 124—127.

Helicoideum, depressum, anfractibus 2—2½, segmentis anfractus ultimi 5—6—7, suturis paullum incisis, facie spirali subconvexa, facie umbilicali vix-aut subumbilicata, umbilico quasi valvula interdum obtecto; apertura suturalis, marginalis, extra umbilicalis; ferrugineum aut griseo-albidum.

Fig. 124: faciem spiralem,
Fig. 125: faciem oralem,
Fig. 126: faciem marginalem præbens; e mari arctico, profund. metr. 960,
Fig. 127: faciem marginalem, oralem, exempli tumidioris præbens, ex Atlantico boreali, profund. metr. 1,750.

Haplophr. nanum Brady, 1881. Arct. For. Austr. Hungar. Expel. 1872—74. A. N. Hist. (5) 8, p. 406, t. 21, f. 1; Wien. Ak. Dkschr. 43, p. 99, t. 2, f. 1.
1884, Challeng. Rep. 9, p. 511, t. 35, ff. 6—8.

Hab. mare Atlant. boreale et arcticum metr. 170—1,750 passim; diam. mm. 0.28.

H. globigeriniforme Park. & Jones.

Tab. V, figg. 128—133.

Helicoideum, inflatum, anfractibus 2—3; segmentis ultimi anfractus 4—5, globosis; apertura semilunari umbilicali; rufoferrugineum aut albidum, sæpe subpolitum.

Fig. 128: facies spiralis,
Fig. 129: facies oralis,
Fig. 130: facies marginalis exempli e mari Atlant. bor., profund. metr. 1,750.
Fig. 131: facies spiralis,
Fig. 132: facies oralis,
Fig. 133: facies marginalis exempli pygmæi e mari Spetsbergico, lat. boreal. 72°, profund. metr. 390.

Lituola nautiloidea var. **globigeriniformis** Park. & Jones, 1865, N. Atl. & Arct. Oc.: Phil. Trans. 155, p. 407, t. 15, ff. 46, 47; t. 17, ff. 96, 98.
Warren, 1862. Northat'. Scabel. t. 6, f. 22.
Lit. globigeriniformis Wright, 1877, Proc. Belf. nat. Field. Club, Append. 1876, 1877, f. 4, f. 6.
Lituolina irregularis var. **globigerinæformis** Goës, 1882, Ret. Rhizop. Carib. Sea: Sv. Vet. Akad. Handl. 19, 4, p. 141, t. 12, ff. 124—125.
Haplophragm. globigeriniforme Brady, 1884, Chall. Rep. 9, p. 312, t. 35, ff. 10—11.
Balkwill & Millet, 1884, For. Galway: Journ. microsc. & nat. Sc. 3, t. 1, f. 5.

Hab. mare Atlanticum boreale et arcticum, profund. metr. 390—1,750, passim.

H. glomeratum Brady.

Tab. V. figg. 134—139.

Nautiloideum, ovale aut subglobosum, plerumque rude, segmentis tumidis 3—4, indistinctis, irregularibus; nunc vix umbilicatum, nunc biconcavum.

Plerumque asymmetricum interdum crassius quam latius; apertura lateralis, suturalis, extra-umbilicalis; ferrugineum.

Fig. 134: facies aboralis.
Fig. 135: facies oralis.
Fig. 136: facies marginalis, e Gullmaren sinu Bahusiae, profund. metr. 140.
Fig. 137: facies aboralis,
Fig. 138: facies oralis,
Fig. 139: facies marginalis, e mari Groenlandico, profund. metr. 675.

Lituola glomerata Brady, 1878, Retic. & Radiol. Rhizop. Arct. Exped. 1875—76, A. M. N. H. (5) 1. p. 433, t. 20, f. 1.
Haplophr. glomeratum Wright, 1881, For. S. Donegal, Proc. Belf. Nat. Field. Cl. 1880—81, App., t. 8, f. 4.
Brady, 1882, Österr. Ung. Nordpol. Exped., Wien. Ak. Dkschr. 43. p. 100.
Brady, Challeng. Rep. 9. p. 309. t. 31. ff. 15—18.
Balkwill & Millett, 1884, For. Galway; Journ. Micr. & nat. Sc. 3. t. 1. f. 6.

Hab. in Gullmaren sinu Bahusiae metr. 140 (Wijen, Carl Aurivillius); mare arcticum, ad Groenlandiam, metr. 500—600 sat frequens; diam. mm. 0.30—0.40.

H. agglutinans d'Orb.

Tab. V. figg. 140—141.

Lituiforme, stadium juvenile spirale, anfractibus 1—1½, paullum compressum, umbilicatulum, margine rotundato; stadium maturum cylindricum; apertura apicali, circulari aut ovali.

Fig. 140: facies lateralis,
Fig. 141: facies marginalis.

Spirolina agglutinans d'Orb. 1846, Foss. tert. Vienne, p. 137, t. 7. ff. 10—12.
Haplophragm. rectum Brady, 1876, Carbonif. & Perm. Foram., Pal. Soc. 30. p. 66, t. 8, f. 8—9.
Spirol. simplex Rss. 1855, Tert. Sch. nordl. & mittl. Deutschl., Wien. Ak. Sitz. Ber. 18. p. 242, t. 2. f. 30.
Haplophr. agglutinans Brady, 1884, Chall. Rep. 9. p. 301, t. 32, ff. 19—26.

Hab. mare Atlant. boreale metr. 1.794, rarum. (Lindahl), long. mm. 1.20.

H. pseudospirale Williams.

Tab. V. figg. 142—151.

Plus minusve distincte lituiforme, complanatum, saepe late expansum tenuissimum; stadio juvenili saepe umbilicato, indistincte plano-spirali, septis plus minusve distinctis, apertura angusta elongata apicali; subtilo scabrum.

Ab Haplophragm. foliaceo Brady vix limitandum.

Figg. 142—147: exempla varia cum faciebus marginalibus cujusque, suturis obsoletis.
Figg. 148—149: suturis magis distinctis.
Figg. 150—151: tenuissima, Fig. 150 expansum (H. foliaceum BRADY).

Proteonina pseudospiralis WILL., 1858, Rec. For. Gr. Brit., p. 2, t. 1, ff. 2—3.
Haplophragm. pseudospirale BRADY, 1884, Chall. Rep. 9, p. 302, t. 33, ff. 1—4.
Haplophr. foliaceum BRADY, ibid. p. 304, t. 35, ff. 20—25.
BALKW. & WRIGHT, 1885, Rec. Dubl. For. Trans. R. Ir. Ac. Sc. 28, p. 330, t. 13, ff. 6—8.
Cuf. **Haplophr. calcareum** TERQ., 1886, For. et Ostracod. d'Islande; Bull. Soc. Zool. France, 1886, p. 332, t. 11, f. 11.

Nomen, triviale WILLIAMSONI valde ineptum, cum foliaceo BRADYI potius mutandum.

Hab. ad oras Bahusiæ metr. 20—170 frequens, long. usque ad 2,50 mm.

H. cassis PARKER.

Tab. V, figg. 152—157.

Marginulinaeforme, arcuatum, compressum aut subcompressum, margine externo attenuato; stadio juvenili segmentis semispiralibus paucis; stadio maturo segmentis obliquis, margine interno sive spirali subventricoso; apertura apicali, circulari.

Plerumque griseum, interdum ferrugineum.
Figg. 152, 154, 156: facies lateralis.
Fig. 153: margo spiralis.
Figg. 155, 157: pars summa cum apertura.

Lituola cassis PARK., 1870, For. Gulf. & River St. Lawrence, Canad. Nat. (n. s.) 5, p. 177, 180, f. 3.
Haplophr. cassis BRADY, 1884, Chall. Rep. 9, p. 304, t. 33, ff. 17—19.

Hab. mare arcticum, Groenlandicum & Spetzbergense, metr. 180—250 mitas frequens; long. mm. 2,50.

REOPHAX MONTFORT.

R. scorpiurus MONTFORT.

Tab. V, figg. 158—163; Tab. VI figg. 164—169.

Anguste conicus aut fusiformis, rectus aut curvatus, segmentis subcylindricis plerumque numero 5—6; apertura circulari, interdum reniformi.

Plerumque valde inaequalis et asper, ex sabulo crasso et frustulis testaceis constructus. Interdum in *Haplophragm. cassidem* vergens.

Forma *Proteonina fusiformis* WILLIAMS (Rec. For. Gr. Brit., p. 1 f. 1) est uni-biloculata segmento ultimo magno fusiformi.

Figg. 158—159: ex Atlantico boreali profund. metr. 320.
Figg. 160—161: in formam fusiformem vergens; e mari Groenlandico, profund. metr. 35—215.
Figg. 162—163: fusiformis e sinu Skagerack, profund. metr. 250.
Figg. 164—166: in H. cassidem vergens, e mari Groenlandico, profund. metr. 35—215.

Fig. 167: subfusiformis e sinu Gullmaren Bahusiae, profund. metr. 140.
Figg. 168—169: magis regulariter structus, var. dentaliniformi Br. approximans, e Skagerack, profund. metr. 107.
Figg. 170–171: e mari Atlantico boreali, profund. metr. 330.

Rooph. scorpiurus MÜLLER, 1808, Conchyliol. system. 1. p. 330.
Nodosaria scorpionus D'ORB., 1826, Tab. méthod. Ann. Sc. nat. 7, p. 255, No. 10.
Lituola scorpiurus BRADY, 1864, Rhizop. Shetland, Trans. Lin. Soc. 24, p. 467, t. 48, f. 5.
    nautiloidea, var. **scorpiurus,** PARK & JONES, 1865, North. Atl. & Arct. Or., Phil. Transact. p. 407, t. 15, f. 48.
    DAWSON, 1871, For. Lawrence, A. M. N. H. (4) 7. p. 86, f. 4.
Rooph. scorpiurus, helvetica, HAEUSLER, 1883, Jurassic Astrorhizoid. & Lituolidae, Qu. journ. geol. Soc. 39, p. 27, t. 2, ff. 7–10.
    BRADY, 1884, Chall. Rep. 9, p. 291, t. 30, ff. 12–17.
Lituolina scorpiurus GOES, 1882, Ret. Rhizop. Carib. Sea, Sv. Vet. Ak. Handl. 19, 4, p. 136, t. 11, f. 406–409.
Rooph. fusiformis BRADY, 1884, Chall. Rep. 9. p. 290, t. 30, ff. 7–11.
    BR. PARK. JONES, 1887, Abrolhos Bank, Trans. Zool. Soc. Lond. 12, 7, p. 217, t. 41, f. 18.

Hab. ad oras occidentales Scandinaviae mtr 50–350 passim; mare Atlant. boreale et arcticum mtr 90–350 sat frequens; long. mm. 2,50.

formae affines:

1. magis regularis, laevior, segmentis 6–8; a typica vix nec a *R. bacillari* BRADY, longiori, segmentis brevioribus, numerosis, sat distincta; saepe tenuis et fragilis.
Figg. 172–173: exemplum e sinu Skagerack profund. metr. 590.
Figg. 174–175: e mari Baltico, extra Gotlandiam insulam profund. metr. 107.

R. dentaliniformis BRADY, Tab. VI, figg. 172–175.
Rooph. dentaliniformis BRADY, 1884, Challeng. Rep. 9, p. 293, t. 30, ff. 21–22.
Lituolina scorpiurus GOES, 1884, Sv. Vet. Akad. Öfversigt 1884, 8, p. 33, fig. xylographica.

Hab. in sinu Skagerack metr. 180–590 rara; Mare Balticum passim (Dr. L. KOLMODIN), long. mm. 1,0–2,5.

2. paullum compressus, praeterea ut praecedens.

R. arcticus BRADY, 1884, Arct. For. Austro-Hung. Exped 1872–74, A. M. N. H. (5) 8, p. 405, t. 21, f. 2; Wien. Ak. Dkschr. 43, p. 99, t. 2, f. 2.

Hab. mare arcticum rare. long. mm. 0,40.

3. suturis valde constrictis, segmentis inflatis, globosis aut ovatis.
Fig. 176: fragmentum e mari Spetsbergensi fundo metr. 1,700.
Fig. 177: facies aperturalis ejusdem.
Fig. 178–179: exemplum cum facie aperturali e freto Koster insularum, profund. metr. 150.
Fig. 180: exemplum integrum ex eodem loco.

R. pilulifer BRADY, Tab. VI, figg. 176–180.
Rooph. pilulifera BRADY, 1884, Challeng. Rep. 9, p. 292, t. 30, ff. 18–20.

Hab. ad Koster insulas Sveciae metr. 100, rara (GOES) long. mm. 2,10.

4. tubiformis segmentis inflatis, distantibus, Tab. VI, figg. 181—186; fragmentis
solum inventis non sat describendus, forsan idem ac Reoph. distans BRADY,
Chall. Rep., p. 296, t. 31, ff. 18—22.
Figg. 181, 184: camerae ruptae.
Figg. 182, 185: aperturae supernae.
Figg. 183, 186: aperturae infernae cujusque.

Hab. cum praecedente rarus (Goës); long. mm. 3.50.

R. nodulosus BRADY.
Tab. VI, figg. 187—191.

Nodosariaeformis, elongatus, suturis plus minusve constrictis, segmentis ovatis aut ellipticis saepe inflatis aut pyriformibus. Nunc rectus nunc curvatus (*R. adunca* BRADY), interdum valde angustatus; nunc rudis nunc laevis.

A R. scorpiuro var. pilulifer non sat limitandus.

Fig. 187: exemplum e mari Atlantico boreali profund. metr. 1,750.
Figg. 188—189: pygmaeus.
Fig. 190: apertura; ambo e fretis Koster insularum, profund. metr. 106.
Fig. 191: forma adunca BR. e mari Atlant. boreali, profund. metr. 1,750.

R. nodulosa BRADY, 1879, Retic. Rhizop. Chall. Exp., Qu. Journ. Micr. Sc. (n. s.) 19, p. 52, t. 4, ff. 7—8.
BRADY, 1884, Chall. Rep. 9, p. 294, t. 31, ff. 1—9.
adunca BRADY ibid. t. 31, ff. 23—26.

Hab. mare Atlanticum boreale metr. 1,750 (LINDAHL), long. mm. 5—20; ad Koster insulas (pygmaeus et aduncus), profund. metr. 90—180 (Goës).

R. guttifer BRADY.
Tab. VI, figg. 192—195.

Tenuissimus, moniliformis, segmentis globosis, pyriformibus aut semiglobosis, nunc juxtapositis cohaerentibus nunc distantibus; ferrugineus.

Figg. 192—193: e mari Spetsbergensi.
Fig. 194: unilocularis.
Fig. 195: facies oralis.

Reophax guttifera BRADY, 1881, Ret. Rhizop. Chall. Exp., Qu. Journ. micr. Sc. (n. s.) 21, p. 49.
BRADY, 1884, Chall. Rep. 9, p. 295, t. 31, ff. 10—15.

Hab. mare Spetsbergense metr. 1,250 haud rarus, long. mm. 0,60—1.

R. difflugiformis BRADY.
Tab. VI, figg. 196—198.

Globosus aut ovatus, lagenaeformis, unilocularis, collo cylindrico brevi; plerumque rufobrunneus.

Fig. 196: e mari Atlantico boreali, profund. metr. 500.
Fig. 197: e mari Groenlandico, profund. metr. 450.
Fig. 198: facies oralis.

Reophax difflugiformis Brady, 1879, Ret. Rhizop. Chall. Exp. (Qu. Journ. micr. Sc. (n. s.) 19, p. 51, t. 4, f. 3.
Brady, 1884, Chall. Rep. 9, p. 289, t. 30, ff. 1—5.

Hab. mare Atlanticum boreale et Groenlandicum, metr. 340—500 passim, long. mm. 0,30—0,80.

R. sabulosus Brady.
Tab. VI, figg. 199—202.

Fusiformis aut conicus, parietibus crassis, ex arena haud firme constructis, segmentis subcylindricis, collo brevi instructis, suturis paullum aut vix incisis; griseo-albidus, interne praesertim collis segmentorum ferrugineo-brunneus; suturae saepe indistinctae.

A *R. cylindrico* Brady, segmentis non productis, firmius constructo, non sat distinctus.

Figg. 199, 201: exempla duo e mari Atlantico boreali, profund. metr. 1,750.
Figg. 200, 202: facies oralis cujusque.

Lituolina scorpiurus var. **ammophila** Goës, 1882, Ret. Rhizop. Carib. Sea; Sv. Vet. Akad. Handl. 19, 4, p. 137, t. 110, 414.
Reophax sabulosa Brady, 1882, For. Faröe Chann., Proc. Roy. Soc. Edinb. 11, p. 715.
   rudis Brady, 1884, Ret. Rhizop. Chall. Exp.; Qu. Journ. micr. Sc. (n. s.) 21, p. 49.
Carp., 1884, The Microscope, p. 563, fig. a, b.
   sabulosa Brady, 1884, Chall. Rep. 9, p. 298, t. 32, ff. 5—6.

Hab. mare boreale metr. 1,750 rarus (Lindahl) long. 7—10 mm.

APPENDIX.
R. compressus n.
Tab. VI, figg. 203—210.

Plus minusve rudis, complanatus, apertura plerumque lanceolata.

E frustulis granisque testaceis plerumque constructus, Haplophragm. tenuimargini Brady se approximans.

Figg. 203, 207: facies lateralis.
Figg. 204, 208: facies marginalis.
Figg. 205, 206, 209: facies oralis.
Fig. 210: longitudinaliter sectus, cameris duabus subdivisis.

Hab. mare Caraibicum profund. metr. 530 rarus (Goës) long. mm. 3—4.

R. procerus n.
Tab. VIII, figg. 413—417.

Fusiformis aut anguste conicus, productus, suturis plus minusve impressis, apertura semilunari valvulata; ex granulis tenuibus calcareis constructus tamen scaber et rugosus.

Fig. 413: exemplum validum.
Fig. 414: facies oralis, apertura valvulata.
Fig. 415: sectio segmenti embryonalis.
Figg. 416–417: pygmaeus cum facie orali.
Dentalinae foedissimae Reuss similis

Lituolina foedissima Goës, 1882, Ref. Rhizop. Carib. Sea, Sv. Vet. Akad. Handl. 19, 4, p. 138, f. 115–118.
Clav. procera Goës, 1889, Om Dimorfismen Rhizop. reticul., Sv. Vet. Akad. Handl. Bihang 15, 1, No. 2, p. 9, t. 2, f. 17.

Hab. mare Caraibicum metr. 600 rarus (Goës), long. mm. 3–9.

PLACOPSILINA d'Orb.
P. bulla Brady.
Tab. VI, figg. 211–215.

Affixa hemisphaerica, ovoidea aut circularis, depressa, interne saepe septis paucis ex parte divisa, aut parietibus costis irregularibus rudibus instructis, apertura saepe obsoleta; albida.

Ad genus Placopsilinam a Brady sine ratione justa relatam huc tamen ad interim etiam locavi. Generi Crithioninae magis propinqua.

Fig. 211: facies superna.
Fig. 212: a margine secta costas internas praebens, e fretis insularum Koster profund. metr. 140.
Fig. 213: facies lateralis exempli Rhabdamminae inhaerentis.
Fig. 214: sectio transversa.
Fig. 215: sectio longitudinalis, septa spuria pauca praebens; e sinu Skageracko profund. metr. 160.

Plac. bulla Brady, (1881) 1884, Chall. Rep. 9, p. 315, t. 35, ff. 16–17.

Hab. sinum Skagerack, profund. metr. 160–530 saepe ad Rhabdamminam affixa (Prof. Hj. Théel, Dr. Borwallius); ad Koster insulas profund. metr. 18–140, ad Fucum saepe affixa.

HIPPOCREPINA Parker.
H. indivisa Parker.
Tab. VI, figg. 216–217.

Conica aut fusiformis, teres, tenuis, sublaevis, unilocularis; apertura apicalis, semilunaris, irregulariter circularis aut rima curvata, plerumque limbata. Testa saepe obsolete quasi segmentata, brunneo-ferruginea.

Fig. 216: facies lateralis.
Fig. 217: facies oralis, apertura irregulari.

Hippocrepina indivisa Park., 1870, Dawson Canad. Naturalist (n. s.) 5, p. 176, fig. 2.
  Park. For. Gulf, St. Lawrence, A. M. N. Hist. (4) 7, p. 86, f. 2.
  Brady, 1881, For. Austro-hungar. Exped. 1872—74. A. M. N. H. (5) 8, p. 407, t. 21, ff. 3 4.
  Brady, Wien. Ak. Dkschr. 43, p. 100, t. 2, ff. 3 4.
  Brady, 1884, Chall. Rep. 9, p. 325, t. 26, ff. 10 14.

Hab. in sinu Olüttenbay, Groenlandia metr. 25 rara (Öberg), long. mm. 0.80 —1.10.

HORMOSINA Brady.
H. globulifera Brady.
Tab. VI, figg. 218 219.

Nodosariæformis, brevis, segmentis globosis magnitudine raptim increscentibus, suturis profunde incisis; apertura apicali, limbata aut in collo tubulari patescente, circulari, angusta; flavo-ferruginea.

Collum sæpe abbreviatum; segmenta embryonalia uniloculata sæpe occurrunt. Genus Hormosina a genere Reophax non sat limitatum.

Confer: Reoph. nodulosam Brady cum Hormos. ovicula Brady et monili Brady, Chall. Rep. t. 31, ff. 1—9; t. 39, ff. 7—13.

Figg. 218—219: exempla duo ex Atlantico boreali, profund. metr. 1,750.

Hormosina globulifera Brady, 1879, Ret. Rhizop. Chall. Exped., Qu. Journ. micr. Sc. (n. s.) 19, p. 60, t. 4, ff. 4 5.
  Brady, 1884, Chall. Rep. 9, p. 326, t. 39, ff. 1 6.

Hab. mare Atlanticum boreale metr. 1,750 passim (Lindahl), long. mm. 3.

forma affinis: tenuis, segmentis pyriformibus aut ovatis, suturis valde constrictis.

H. ovicula Brady, Tab. VI, figg. 220 221.
Hormos. ovicula Brady, 1879, Ret. Rhizop. Chall. Exp., Qu. Journ. Micr. Sc. (n. s.) 19, p. 61, t. 4, f. 6.
  Brady, 1884, Chall. Rep. 9, p. 327, t. 39, ff. 7—9.

Fig. 220: facies lateralis.
Fig. 221: facies oralis.

Hab. cum typica (Lindahl), long. mm. 1.50.

TROCHAMMINA Park. & Jones.
T. inflata Montag.
Tab. VI, figg. 222—224.

Helicoidea, spira sæpe subdepressa, anfractibus $2^1/_2$—3, segmentis anfract. ultimi 5—6, plus minusve subinflatis, suturis incisis; facies oralis umbilicata, paullum concava, apertura lateralis, suturalis, brevis, extra-umbilicalis; dilute ferruginea, centro brunnea.

Differentia inter *Trochamminum* & *Haplophragmium*, sive inter subfamilias Trochammineas et Lituolineas est vilis nec juste fundata.
Fig. 222: facies oralis.
Fig. 223: facies aboralis.
Fig. 224: facies marginalis.

Nautilus inflatus Montag. 1808, Test. Brit. Suppl., p. 81, t. 18, f. 3.
Rotalina inflata Will. 1858, Rec. For. Gr. Brit., p. 50, t. 4, ff. 93—94.
Trochammina inflata Carpent. Introd. 1862, p. 141, t. 11, f. 5.
     Brady, 1884, Chall. Rep. 9, p. 338, t. 41, f. 4.
     Balkw. & Wright, 1885, Rec. Dublin For.; Roy. Ir. Ac. Sc. Trans. 28, p. 334, t. 13, f. 12 (trochoidea).

Hab. mare Balticum metr. 2 passim (Lilljeborg). diam. mm. 0,50.

T. nitida Brady.
Tab. VI, figg. 225—230.

Helicoidea, sublævis, depressa, spira plerumque applanata, anfractibus $2^1/_2$—3, segmentis anfr. ultimi 6—9, suturis subimpressis, margine rotundato; facies oralis umbilicata, apertura ut in præcedente; ferruginea, albida aut subrosea.

A forma emaciata Troch. inflatæ nisi spira applanata segmentisque plerumque pluribus distincta.

Figg. 225, 228: facies aboralis.
Figg. 226, 230: facies marginalis.
Figg. 227, 229: facies oralis.

Trochammina nitida Brady, 1881, Ret. Rhizop. Chall. Exped. Qu. Journ. Microsc. Sc. (n. s.) 21, p. 52.
     Brady, 1884, Chall. Rep. 9, p. 339, t. 11, ff. 5—6.

Hab. in Österfjord Norveg. metr. 180 passim (Norman), diam. mm. 0,50; mare Spetsbergense metr. 1,200, diam. 0,30 mm.

T. Robertsoni Brady.
Tab. VI, figg. 231—234.

Nautiloidea, lævis, subdiscoidea, subsymmetrica, utrinque umbilicata, umbilico faciei aboralis interdum obtecto, segmentis 4—6 subinflatis; apertura angusta suturalis marginalis; fulvo-ferruginea.

Fig. 231: facies aboralis, umbilico fere obtecto.
Fig. 232: facies marginalis cum apertura.
Fig. 233: facies oralis.
Fig. 234: sectio submediana.

Troch. Robertsoni Brady, 1887, Synopsis Brit. Rec. For., Journ. Roy. Micr. Soc. (2) 7, p. 893.
     Wright, 1891, For. S. West off Ireland; Proceed. Roy. Irish Acad. (3) 1, No. 4, p. 469, t. 20, f. 4.

Hab. in sinu Gullmaren metr. 110, passim (Ax. Wirén & C. Aurivillius), in sinu Bukken Norwegiæ (Norman) metr. 350, diam. mm. 0,25—0,50.

T. vesicularis n.
Tab. VI. figg. 235—237.

Trochoiden subglobosa, tenuissima, anfractibus 5—7, segmentis anfr. ultimi circiter 5, subamplectentibus, inflatis; facies oralis haud umbilicata.
Dilute ferruginea aut subflava, subpellucida.
Fig. 235: facies aboralis.
Fig. 236: facies oralis.
Fig. 237: facies marginalis.

Hab. mare Spetsbergense metr. 350 rarissima; diam. mm. 0,40.

AMMODISCUS v. Reuss.

A. incertus d'Orb.
Tab. VI, figg. 238—239.

Plano-spiralis, complanatus margine rotundato, anfractibus tenuissimis numerosis usque ad 20; apertura tubus spiralis patens; ferrugineus.
Fig. 238: facies lateralis.
Fig. 239: facies marginalis.

Operculina incerta d'Orb., 1839, For. Cuba, p. 49, t. 6, ff. 16—17.
Trochammina incerta Gœs, 1882, Ret. Rhizop. Carib. Sea, Sv. Vet. Ak. Handl. 19, 4, p. 136, t. 11, ff. 404—405, ubi vide synonymiam.
Ammod. incertus Brady, 1884, Chall. Rep. 9, p. 330, t. 38, ff. 1—3.

Hab. ad oras Scandinaviæ occidentales metr. 140—200 passim; diam. mm. 0,40—1.

A. tenuis Brady.
Tab. VI, figg. 240—241.

Plano-spiralis, anfractibus amplioribus, adultorum 5—7, pars primordialis magna, inflata; flavo-ferrugineus.
Forsan stadium maturum præcedentis potius habendus.
Fig. 240: facies lateralis.
Fig. 241: facies marginalis.

Ammodisc. tenuis Brady, 1881, Ret. Rhizop. Chall. Exp., Qu. Journ. micr. Sc. (n. s.) 21, p. 51.
Brady, 1884, Chall. Rep. 9, p. 332, t. 38, ff. 4—6.

Hab. ad Koster insulas Sueciæ metr. 90 rarus (Ljungman), diam. mm. 1,70.

CYCLAMMINA Norman.
C. pusilla Brady.
Tab. VI, figg. 242—244.

Nautiloidea, laevis aut sublaevis, biconvexa, umbilicata, segmentis 11—16, suturis saepe subundulatis, margine attenuato, pariete testae vix cancellato; apertura marginalis, suturalis; brunnea aut ferruginea.

A Cycl. cancellata Norman non nisi statura minore cancellisque testae obsoletis distincta.

Fig. 242: facies lateralis.
Fig. 243: facies marginalis cum apertura.
Fig. 244: sectio mediana.

Cyclammina pusilla Brady, (1881) 1884, Chall. Rep. 9, p. 353, t. 37, ff. 20—23.

Hab. mare Atlanticum boreale metr. 1,750 (Lindahl), diam. mm. 1.20.

WEBBINA d'Orb.
W. clavata Park. & Jones.
Tab. VI, figg. 245—246.

Laevis, affixa, ovata aut rotundata convexa semitubo reptante continuans; fulvo-brunnea; pars postica apertura interdum praedita.

Fig. 245: exemplum apertura postica instructum, e sinubus Norvegicis profund. metr. 300.

Fig. 246: alia, minor.

Trochammina irregularis clavata Park. & Jones, 1860, For. Chellaston; Qu. Journ. Geol. Soc. 16, p. 304.
    Carp., Introd. 1862, t. 11, f. 6.
Webbina clavata Brady, 1884, Chall. Rep. 9, p. 349, t. 41, ff. 12—16.
    Wright, 1891, For. S. West off Ireland; Proceed Roy. Irish. Acad. (3) 1, p. 470, t. 20, ff. 2—3.

Hab. ad oras Scandinaviae occidentales metr. 90—450 passim; ad Groenlandiam metr. 200; long. mm. 1.20 et ultra.

TEXTULARIA d'Orb.
* Verneuilina d'Orb.
V. polystropha v. Reuss.
Tab. VII, figg. 247—255.

Arenacea, bulimineaformis, ovalis aut fusiformis 3—4 serialis; apertura rima obliqua suturalis aut commaformis extra-suturalis;

Interdum segmentis parietibus irregulariter subdivisis (labyrinthica).

Magnitudine valde varians; mm. 0,90—1,15; color plerumque ferrugineus aut albidus.
Figg. 247, 249, 250: exempla formis variis.
Figg. 248, 251: faciei orales.
Fig. 252: sectio stadii juvenilis transversa, trilocularis, septis paullum undulatis.
Figg. 253—255: sectiones transversæ, tri-quadriloculares, septis undatis, cameris sublabyrinthicis.

Bulimina polystropha Reuss, 1845. Böhm. Kreide 2. p. 109, t. 24, f. 53.
Bulim. scabra Williams, 1858. Rec. For. Gr. Brit., p. 65, t. 5, ff. 136—137.
Polymorph. silicea Schultze, 1854. Org. Polythal., p. 61, t. 6, ff. 10—11.
Text. agglutinans var. **polystropha** Park. & Jones, 1865. N. Atl. & arct. Oc., Phil. Transact. 155, p. 371, t. 15, f. 26.
Vern. polystropha Brady, 1878. Retic. & Rad. Rhizop. Arct. Exped. 1875—76, A. M. Nat. Hist. (5) 1, p. 436, t. 20, f. 9; 1884, Chall. Rep. 9, p. 386, t. 47, ff. 15—17.

Hab. ad oras Sveciæ (etiam in freto et in mari baltico australi) et Norvegiæ, metr. 40—500 sat frequens; nec non ad Spetsbergiam minus frequens.

Clavulina-formis segmentis ultimis stichostegicis, apertura rima brevi recta aut arcuata, apicali, Bigenerinæ digitatæ d'Orb. se approximans, Tab. VII, figg. 256—261. Cnf. Wright, Foram. Belfast, Proc. Belfast. Nat. Field Club, Append. 1885—86, p. 320, t. 26, f. 2.

Figg. 256, 258, 260: exempla formis variis.
Figg. 257, 259, 261: facies aperturalis cujusque.

Hab. in sinu Gullmaren profund. metr. 40 rara (Dr. Wrén).

V. pygmæa (Egger?) Brady.
Tab. VII, figg. 262—263.

Subtrigona, ovalis aut angusta subæqualis, segmentis magis regulariter in series dispositis, subinflatis globosis; apertura angustissima, suturali aut juxtasuturali, sæpe obsolete limbata; albida aut flavida, forma nostra minus lævigata.

Fig. 262: exemplum ordinarium.
Fig. 263: facies oralis, apertura indistincta.

Bulimina pygmæa Egger, 1857, Mioc. Ortenburg; Laomh. & Bronss. Abh. 1857, p. 284, t. 12, ff. 10—11.
Text. agglutinans var. **Vern. polystropha** Park & Jones, 1865. North. Atlant. and Arct. Oc., Philos. Transact. 155, p. 371, t. 15, f. 26.
Vernœuil. pygmæa Brady, 1884. Challeng. Rep. 9, p. 385, t. 4, 7, ff. 4—7.

Hab. in sinubus Grœnlandiæ metr. 35—50 passim; longit. mm. 0,45.

V. propinqua Brady.
Tab. VII, figg. 264—266.

Conica, segmentis inflatis plus minusve regulariter in ordinem ternatum dispositis, interdum affixa; apertura basali, umbilicali, suturali sicuti in Textularia; sæpe vestibulum umbilicali exhibente; segmenta ultima interdum ut in Textularia disposita; nostra ferruginea, sublaevis aut scabra.

Fig. 264: facies lateralis.
Fig. 265: facies oralis, segmentis binis ultimis textularioideis.
Fig. 266: facies oralis alius cum vestibulo, triserialis.

Brady, 1884, Challenger Rep. 9, p. 387, t. 47, ff. 8—14.

Hab. mare Atlant. boreale profund. metr. 1,750, sparsa (Dr. Lindahl), altitudo mm. 2.

** Gaudryina d'Orb.

G. pupoides d'Orb.
Tab. VII, figg. 267—277.

Teres aut subcompressa, cylindrica aut conica, scabra aut sublaevis; apertura marginali, suturali, semilunari angusta, aut vestibulo umbilicali, aut poris interdum paucis exhibita; interdum subbigenerinoidea. Nostra argillacea aut nigrocinerea.

Valde variat forma; nunc cylindrica elongata, nunc conica multo dilatata, ut altitudo ad latitudinem ac 3 ad 1.50 sit.

A Gaudryina subrotundata Brady non distincta.

Gaudr. pupoides auctoris ejusdem, Chall. Rep., p. 378, t. 46, ff. 1—4, a typo d'Orbignyi valde differens, ad sequentem melius referatur.

Fig. 267: exemplum e mari Atlantico extra Azores insulas; saepe suturis jugosis.
Fig. 268: facies oralis.
Fig. 269: sectio stadii immaturi transversa ejusdem.
Fig. 270: pygmaea eodem ex loco.
Figg. 271—272: exemplum e Gullmaren, sinu Bahusiae.
Figg. 273—276: facies oralis, aperturis forma variis.
Fig. 277: facies oralis, apertura poris nonnullis apicalibus substituta exempli magni conici, subbigenerinoidis; eodem ex loco.

G. pupoides d'Orb., 1840, For. Craie blanche Paris, Mém. Soc. géol. France 4, p. 44, t. 4, ff. 22—24; 1846, For. Bass. tert. Vienne, p. 197, t. 21, ff. 34—36.
Goës, 1882, Retic. Rhizop. Carib Sea, Sv. Vet. Ak. Handl. 19, 4, p. 81, t. 6, ff. 177—178.

Obs. Gaudr. rugosa d'Orb. hic cum G. pupoides collata, quia figura hujus d'Orbignyi non sat perspicua est. Text. pupoides var. conica Goës l. c., t. 6, ff. 181, 182 forsan ad Gaudr. rugosam d'Orb. est referenda.

Hab. in sinubus Sueciae occidentalis profund. metr. 10—60 sat frequens, long. 3 mm.; nec non in Norvegicis; scabra; tropicae laeviores.

G. chilostoma Rss.
Tab. VII, figg. 278—280.

Compressa aut subteres, sublaevis, segmentis saepe plus minusve inflatis; apertura, rima brevi, saepe juxtasuturali, limbata; albida.

Forma nostra a Gaudr. baccata Schwag., 1866, For. Kar. Nikob; Novara Reise, geol. Th. 2, p. 200, t. 4, f. 12 vix distincta.

Gaudr. chilostoma Rss. 1865, deutsch. Sept. Thon; Wien. Ak. Dkschr. 25, p. 120, t. 1, ff. 5—7.
Text. labiata Rss. 1869, Crag. v. Antwerp.; Wien. Ak. Sitz. Ber. 42, p. 362, t. 2, f. 17.
Gaudr. pupoides var. **chilostoma** Brady, 1884, Chall. Rep. 9, p. 379, t. 46, ff. 5—6.
Gaudr. pupoides Bu., Parr. Jones, 1887, Abrolhos Bank., Trans. Zool. Soc. Lond. 12, 7, p. 219, t. 42, ff. 7, 8, 9.

Hab. Atlanticum boreale profund. metr. 1,750 rara (Dr. Jos. Leidaull); nom. 4 et altra.

*** Textularia d'Orb.
T. agglutinans d'Orb.
Tab. VII, figg. 281—284, 294—303.

Subcompressa aut subteres, stadio primo saepe compresso, marginato, stadio maturo ovali aut subtereti; segmentis adultorum numero variantibus (7—17 utraque in serie), nunc angustis nunc altioribus.

Nostrates ex sabulo crassiore, tropicae ex arena calcarea tenui constructae, quare discrepantiae nonnihil exstat, suturis interdum jugosis. Color ferrugineus, ater aut albido-griseus. Neque a T. saggittula Defr. neque a T. conica d'Orb. sat limitanda. Ab auctoribus nominibus multis praedita.

Fig. 281: facies marginalis.
Fig. 282: facies lateralis.
Figg. 283—284: faciei orales exemplorum e mari Bahusiae.
Figg. 294—296: exemplum e mari Atlantico extra Azores insulas; facies oralis poris impressis praeter aperturam instructa.
Figg. 297—299: forma jugosa (conf. Text. sagittula d'Orb., 1844, For. Iles Canaries, p. 138, t. 1, figg. 19—21).
Figg. 300—301: exemplum e mari Norvegico.
Figg. 302—303: forma angusta e Skagerack profund. metr. 250.

Text. agglutinans d'Orb., 1839, For. Cuba, p. 144, t. 1, ff. 17—18; 32—34.
  Parr & Jones, 1865, N. Atl. & arct. Oc., Phil. Transact. 155, p. 369, t. 15, f. 21, T. graminii d'Orb. propior.
  Gors. 1882, Retic. Rhizop. Carib. Sea, Sv. Vet. Ak. Handl. 19, 4, t. 5, ff. 140—143.
  Moars. 1880, For. Mauit., p. 93, t. 9, ff. 1—8.
  Brady, 1884, Chall. Rep. 9, p. 363, t. 43, ff. 1—3.

Hab. in Skagerack profund. metr. 250; in sinubus Norvegicis metr. 90—180 sat frequens (C. Aurivillius, Norman), long. mm. 2.

forma affinis:

1. Nunc libera nunc affixa, nunc sublaevis nunc magis aspera, apertura nunc textularioidea, nunc poris indistinctis substituta; stadio immaturo primo saepe triseriali; ferruginea.

Inter typicam et T. asperam Brady medium tenens.

T. intermedia n. Tab. VII. figg. 304—307.

Fig. 304: exemplum affixum.
Fig. 305: facies oralis ejusdem, poris minutis praedita.
Fig. 306: facies oralis alius exempli liberi.
Fig. 307: stadium immaturum transsectum, triseriale.

Hab. in sinubus Norvegicis profund. metr. 500 rara (D. Thiel. & C. Bovallius).

T. sagittula Defr. var. cuneiformis d'Orb.
Tab. VII, figg. 288—290.

Lingulata aut lanceolata nunc dilatata nunc angustior, plus minusve complanata, marginata, segmentis plerumque paullum angustatis; apertura textulariae communi; nostra sublaevis grisea.

T. cuneiformis d'Orb., 1839, For. Cuba, p. 147, t. 1. ff. 37—39.
T. sagittula Goës, 1882, Rev. Rhizop. Carib. Sv. Vet. Akad. Handl. 19, 4, t. 5, ff. 144—146 (in sequentem transiens); ubi etiam synonymiam vide, p. 75; a qua abstrahendae: Text. corrugata Costa (forsan Bigenerina Capreolus d'Orb.), Text. folium Park & Jones; T. variabilis var. spathulata et difformis Will. (nec Balkwill & Wright Bolivinae).
Brady, 1884, Chall. Rep. 9, p. 364, t. 42, ff. 17, 18.
Balkwill & Wright, 1885, Rev. Dublin For., Trans. R. Irish Ac. Sc. 28, p. 332, t. 13, ff. 16, 17, in sequentem transiens.

Hab. ad oras Bahusiae profund. metr. 50—90 sat frequens, formis sagittula et Williamsoni intersa commixtis, long. 1—1,90 mm.

formae affines:

Magis dilatata, plus minusve cuneata, nunc marginata nunc margine obtuso, nunc scabriuscula nunc sublaevis, segmentis plerumque paucioribus, altioribus; grisea; a typica non sat distincta.

T. Williamsoni Goës, Tab. VII. figg. 285—287.

T. cuneiformis Williams, 1858. Rev. For. Great Brit., p. 75, t. 6, ff. 158—159.
?T. anceps Rss., 1859. Westph. Kreidef., Wien. Ac. 8. Ber. 40, p. 234, t. 13, f. 2.
T. gramen Brady, 1884, Challeng. Rep. 9, p. 365, t. 43, ff. 9—10.
Balkw. & Wright, 1885, Rev. Dublin For., Transact. R. Irish Ac. Sc. 28, p. 332, t. 13, ff. 13—14.

Hab. ad oras Bahusiae profund. metr. 40—90 passim. alta mm. 1,25.

APPENDIX

Compressa, margine segmentorum in angulum plus minusve producto, segmentis angustis.

T. pectinata v. Reuss, Tab. VII, figg. 291–293.

1849, Neue For. Österreichs; Wien. Ak. Dkschr. 1, p. 381, t. 49, ff. 2–3; 1867, Steinsalz Ablag. Wieliczka; Wien. Akad. Sitz. Ber. 55, p. 98, t. 3, f. 11.

Obs. T. Mariæ d'Orb., 1846, Bass. tert. Vienne, p. 246, t. 14, ff. 29–31 et Plecanium spinulosum v. Reuss, 1867, Steinsalz. Ablag. Wieliczka: Wien. Ak. Sitz. Ber. 55, p. 65, t. 4, f. 3 segmentis altioribus et paucioribus ad T. Williamsoni potius correspondentes.

Hab. tropicis in maribus profund. metr. 300–500. Long. mm. 1.

**** Bigenerina d'Orb.

B. nodosaria d'Orb.
Tab. VII, figg. 313–323.

Arenacea aut calcarea agglutinans, scabra, stadio larvali sive immaturo compresso plane textularioides, stadio maturo nodosarino; apertura foramen minutum, sæpe excentrice locatum; grisea aut albida.

Fig. 313: e mari Germanico.
Fig. 314: facies oralis e apertura minuta.
Fig. 315: longitudine secta.
Figg. 316, 320, 322: exempla robusta e mari Caraibico; facies laterales.
Figg. 317, 321: facies marginales.
Figg. 318, 319, 323: facies orales.

Bigen. nodosaria d'Orb., 1826, Tab. meth., An. Sc. nat. 7, p. 261, No. 1, t. 11, ff. 9–12, Mod. 57.
pusilla Roem., 1838, Tert. Meeres. Norddeutschl., Leonh. & Bronn Jahrb., 1838, p. 381, t. 3, f. 20.
agglutinans d'Orb., 1846, Bass. tert. Vienne, p. 238, t. 14, ff. 8–10.
T. agglutinans var. nodosaria Park. & Jones, 1865, N. Atl. & Arct. Oc., Philos. transact. 155, p. 371, t. 15, f. 25; t. 17, f. 80.
Fiès Modell, 12.
Goës, 1882, Ref. Rhizop. Carib. Sea; Sv. Vet. Ak. Handl. 19, 4, t. 5, ff. 133–139.

Obs. Text. sagittula forma bigenerina Goës ibid. p. 78, t. 5, ff. 159–160 inter Textularium et Clavulinam medium tenet, quare est a Bigener. nodosaria d'Orb. separanda.

Terrigi, 1880, Foram. Vaticani; Atti Accad. Pontif. 33, p. 192, t. 2, f. 28.
Brady, 1884, Chall. Rep. 9, p. 369, t. 44, ff. 14–18.

Hab. mare Germanicum profund. metr. 180; Stoksund sinum norvegicum metr. 150–180 rara (Norman), long. 1.6; ex mari caraibico mm. 2.50.

B. digitata D'Orb.

Tab. VII, figg. 324—343.

Arenacea, stadio larvali teretiusculo aut subcompresso, irregulariter bi-triseriali; apertura semilunari, valvulari, aut fissura recta, interdum poro rotundato; cameris interdum imperfecte subdivisis; ferruginea aut albida.

Vern. polystrophae, ex qua verosimiliter originata, magis quam Bigen. nodosariae et Text. aliis affinis. Nomen triviale in *"digitus"* rectius commutandum. Clavulinae communi saepe valde similis.

Fig. 324: exemplum typicum e Gullmaren sinu Bahusiae.
Figg. 325—331: orificia formis variis.
Fig. 332: sectio transversa, cameram subdivisam praebens.
Fig. 333: exemplum stadii primi.
Fig. 334: apertura ejusdem.
Figg. 335—336: sectiones transversae ejusdem IV-serialibus segmentis.
Fig. 337: exemplum tenue, stadio immaturo magis redueto.
Fig. 338: sectio longitudinalis stadii immaturi.
Fig. 339: sectio longitudinalis stadii maturi, segmentorum trabeculis rudimentariis.
Figg. 340—341: sectiones transversae, stadiorum juvenalium structuram subdivisam exhibentes.

Bigenerina (Gemmulina) digitata D'Orb., 1826, Tab. Meth. An. Sc. nat. 7, p. 262, No. 4, Mod. 58, (cum formis auctorum non sat congruens).
Brady, 1864, Rhiz. Shetland., Trans. Lin. Soc. 24, p. 468, t. 48, f. 8.
Parr. & Jones, 1865, For. N. Atl. & Arct. Oc., Phil. Transact. 155, p. 371, t. 17, f. 84.
Parker, Jones, Brady, 1865, Nomenclat. Foram. A. M. Nat. Hist. (3) 16, p. 28, t. 2, f. 61.
Brady, 1883, Chall. Rep. 9, p. 370, t. 44, ff. 19—24.

Hab. ad et extra oras Bahusiae Sueciae metr. 10—350 sat frequens; nec non in sinubus Norvegiae usque ad profund. metr. 350; long. 2—2.5 mm.

SPIROPLECTA Ehrenb.

S. biformis Park. & Jones.

Tab. VII, figg. 308—312.

Arenacea, compressa, linearis, linguaeformis aut subulata, margine obtuso; interdum valde attenuata, angusta, spira 3—4 loculari, saepe abrupta, etiam obsoleta, Gaudryinae biformi Berthelin similis; ferruginea. Spiroplecta praelonga Wright, 1885, Cretac. For. Keady Hill; Proc. Belfast Nat. Field Club, Append. 1885—86, p. 329, t. 27, f. 3, nostrae formae valde propinqua.

Figg. 308—309: forma tenuis, e Gullmaren sinu Bahusiae, profund. metr. 124.
Fig. 310: forma latior, eodem e loco.
Fig. 311: e Jacobshavn, Groenlandiae, profund. metr. 52.
Fig. 312: e Storfjord Spetsbergiae, profund. metr. 180.

T. agglutinans var. **biformis** Parr & Jones, 1865, North. Atl. & Arct. Oc., Philos. Transact. 155, p. 370, t. 15, ff. 23 24.

T. biformis Brady, 1878, Retic. & Radiol. Rhizop. North. Pol. Exped. 1875 1876; A. M. Nat. Hist. (5) 1, p. 436, t. 20, f. 8; 1884; Challeng. Rep. 9, p. 376, t. 45, ff. 25 27.

Hab. In Gullmaren sinu Bahusiæ metr. 150 (C. Aurivillius, A. Wirén); extra Helsingborg metr. 30; ad Groenlandiam (Olrik), Spetsbergiam, metr. 50 270 (Smitt & Goës). Long. mm. 0,40 0,70.

VALVULINA d'Orb.

V. conica Park & Jones.

Tab. VIII, figg. 342–352.

Plus minusve elevate conica, basi orbiculari aut ovali, segmentis amplectentibus, triserialibus; apertura minima, rima suturali aut juxtasuturali, interdum duplicata (rimulis binis plus minusve sepositis); ferruginea, affixa, tapete e granulis arenæ minimis constructa circumdata.

Fig. 342: minuta.
Fig. 343: facies oralis cum rimis duabus.
Fig. 344: magis elata.
Fig. 345: facies oralis ejusdem elliptica, apertura minima.
Fig. 346: minus elata.
Fig. 347: angustior.
Fig. 348: sectio transversa.
Fig. 349: longitudine secta.
Fig. 350: facies oralis ejusdem.
Fig. 351: facies oralis alius, orbicularis, pro apertura rimulis duabus sepositis.
Fig. 352: Facies spiralis.

V. triangularis Park & Jones, 1857, For. Coast. of Norw., A. M. Nat. Hist. (2) 19, p. 295, t. 11, ff. 15 16. var. **conica**, Park & Jones, 1865, North. Atlant. & Arct. Oc., Philos. Transact. 155, p. 406, t. 15, f. 27.

Brady, 1884, Chall. Rep. 9, p. 392, t. 49, ff. 15 16.

Hab. extra oras Sueciæ occidentalis, profund. metr. 90 500 passim; in sinubus Norvegiæ profundis sat frequens; mm. 1,20 alta.

V. fusca Williams.

Tab. VIII, figg. 353—355.

Explanato-convexa aut late conica, ceterum ut præcedens, a qua vix specifice distincta.

Fig. 353: facies spiralis.
Fig. 354: facies oralis.
Fig. 355: facies latero-marginalis.

Rotalina fusca Williams, 1858, Rec. Foramf. Gr. Brit., p. 55, t. 5, ff. 114—115.
V. fusca Brady, 1884, Challeng. Rep. 9, p. 392, t. 49, ff. 13—14.

Hab. in Stoksund sinu Norvegico profund. metr. 150—180 passim (Norman); diam. mm. 1.50

APPENDIX.

CLAVULINA d'Orb.

C. communis d'Orb.

Stadio immaturo teretiusculo aut subcompresso, segmentis plus minusve regulariter triserialibus; segmentis stadii nodosarini aliquando in collum breve productis; apertura plerumque semilunari, valvata; cinerea, aut albida, structura sæpe magis calcarea quam silicea.

Genus Clavulinæ retineo, quia origo ejus a Valvulina incerta.

Clavulina communis d'Orb., 1826, Tab. méthod., An. Sc. nat. 7, p. 268, No. 4.
1846, Bass. tert. Vienne, p. 196, t. 12, ff. 1—2.
Fries mod. 10.
Verneuilina communis Park. & Jones, Brady, 1866, Crag. For., Palæogr. Soc. 19, t. 3, f. 19.
Van den Broeck, 1876, For. Barbados, Ann. Soc. Belg. micr osc. 2, p. 136, t. 3, f. 14.
Clavulina communis Brady, 1884, Challeng. Rep. 9, p. 394, t. 48, ff. 1—8.

Hab. mare Atlanticum extra Hispaniam profund. metr. 1,500 (J. Landvall).

formæ affines:

1. Attenuata, sublævis, stadio immaturo teretiusculo aut paullum compresso, interdum valde reducto sæpe biseriali, apertura porata rare valvulata; albida. Interdum a Big. digitata d'Orb. vix distinguenda.

C. lævigata Goës, Tab. VIII, figg. 356—367.

Figg. 356—357: exempla duo e mari Caraibico.
Fig. 358: longitudine secta.
Figg. 359—367: faciei orales.

Brady, Challeng. Rep. 9, t. 48, ff. 9—12.
Goës, Retic. Rhizop. Carib. Sea, Sv. Vet. Ak. Handl. 1882, 19, No. 4, t. 5, f. 162—164.

Hab. mare Caraibicum profund. metr. 800 rara. Longitudo mm. 1.50—2.50.

2. Silicco-arenacea, cylindrica, interdum subconica aut fusiformis brevis, stadio immaturo brevissimo indistincto, apertura valvata aut foramine minuto aut poris sparsis minutissimis instituta, aliquando obsoleta; cameris interdum rudimentis trabecularum obsolete subdivisis; plerumque ferruginea, aspera; suturis interdum obsolete scrobiculatis.

C. eocaena Gümb., Tab. VIII, figg. 368—377.

Fig. 368: exemplum cylindricum angustum.
Fig. 369—371: aperturæ formis variis.
Fig. 372: sectio transversa stadii nodosarini dissepimentorum rudimentis.
Fig. 373: apertura obsoleta.
Fig. 374: sectio transversa stadii immaturi.
Fig. 375: sectio longitudinalis.
Fig. 376: forma obconica.
Fig. 377: facies oralis ejusdem.

Gümb., 1868, For. Nordalp. Eocän. K. Bay. Wiss. Akad. Abh. 10, 2. p. 604, t. 1, f. 2.
Valvulina triangularis v. **eocæna** Gœs, 1881, Sv. Vet. Ak. Handl. 19, 4, p. 85, t. 11, ff. 401—403.

Hab. mare Caraibicum metr. 800 passim (Gœs).

C. parisiensis d'Orb.
Tab. VIII, figg. 378—386.

Stadio immaturo pyramidali trigono, apertura sæpe protrusa, plerumque valvulata, semilunari aut poris instituta, praeterea ut in praecedente; stadio maturo interdum suturis valde constrictis; grisea.

Fig. 378: exemplum ordinarium, e mari Caraibico.
Figg. 379—382: aperturæ formis variis.
Fig. 383: sectio transversa stadii immaturi.
Fig. 384: valde attenuata var. humili Brady se approximans; e mari Caraibico.
Figg. 385—386: facies orales aperturam praebentes.

Clavulina parisiensis d'Orb., 1826, Tab. Meth., Ann. Sc. Nat. 7. p. 268, No. 3; Mod. 66.
Text. triquetra Bigenerina Gœs, 1882, Ret. Rhizop. Carib. Sea; Sv. Vet. Ak. Handl. 19, 4, p. 85, t. 6, ff. 185—186.
Cl. parisiensis Brady, 1884, Chall. Rep., p. 395, t. 48, ff. 14—18.

Hab. mare Atlant. latitud. bor. 40°, long. occident. 10°, profund. metr. 300—1,500 haud rara (Lindahl). Mare Caraib. profund. metr. 500 (Gœs), spiculis spongiarum interdum immixtis; Long. mm. 3.

forma affinis:

Stadio immaturo biseriali, lanceolato, valde compresso textularioideo; apertura semilunari, valvulata, aut rimula aut poris duplicatis aut foramine subrotundo instituta; stadium larvale interdum valde abbreviatum; calcarea scabra.
Bigenerinæ nodosariæ d'Orb. simillima. Ubi forma nostra recte locetur, incerti sumus.

C. textularioidea n., Tab. VIII, figg. 387—399.

Fig. 387: exempli magni facies lateralis.
Fig. 388: sectio longitudinalis ejusdem.
Figg. 389—390: facies marginalis exemplorum 2 minus adultorum.
Figg. 391—396: facies orales, aperturis formis variis.
Figg. 397—398: exempla 2, stadio immaturo valde reducto.
Fig. 399: sectio longitudinalis juvenis. Omnes e mari Caraibico.

Textularia sagittula forma Bigenerina Goës, 1882, Retic. Rhizop. Carib. Sea, Sv. Vet. Ak. Handl. 19, 4, p. 78, t. 5, ff. 159—160.

Hab. mare Caraibicum profund. metr. 300 frequens. Long. mm. 3—5; interdum pygmaea.

C. Soldanii Park. & Jones.

Tab. VIII, figg. 400—407.

Conica aut ovalis aut cylindrica, interdum valde augustata, stadio immaturo plus minusve obliterato rare distincte evoluto, cameris septis radialibus divisis; apertura cribriformis vel dendritica interdum semilunaris valvata aut rima curvata instituta.

Nunc pulvere tenuissimo nunc granulis crassioribus constructa, plerumque calcarea. Dissepta numero variantia, plerumque 10—16, alternum brevius; interdum panciora (3—6). Statura et forma valde variantes.

Fig. 400: forma cylindrica, stadio immaturo aperte clavulinæformi insignis.
Fig. 401: sectio longitudinalis ejusdem.
Fig. 402: sectio transversa stadii immaturi.
Fig. 403: sectio transversa stadii maturi.
Fig. 404: facies oralis, apertura insolita.
Fig. 405: forma tenuis rarissima.
Fig. 406: facies oralis apertura simplex valvata.
Fig. 407: sectio transversa segmenti stadii maturi tridivisi.

Lituola Soldanii Park & Jones, 1860, Rhizop. Mediterr., Quart Journ. geol. Soc. 16, p. 307.
? Nodos. dubia d'Orb., 1826, Tabl. Méth., An. Sc. nat. 7, p. 252, No. 10.
Lituola Soldanii Carpenter, 1862, Introduct., t. 6, fig. 43.
» intermedia van den Broeck, 1876, For. Barbade; Ann. Soc. Belg. microsc. 2, p. 74, t. 2, ff. 1, 3, 4, 6.
Haplostiche Soldanii Brady, 1884, Chall. Rep., p. 318, t. 32, ff. 12—18.
Valvul. triangularis v. polyphragma Goës, 1882, Ret. Rhizop. Carib. Sea. Sv. Vet. Akad. Handl. 19, 4, p. 87, t. 11, ff. 390—400.

Hab. mare Caraibicum metr. 300—500 vulgaris (Goës), usque ad mm. 7 alta. Ad Insulas Azores metr. 600 (Smitt & Ljungman).

C. rudis Costa.

Tab. VIII, figg. 408—412.

Cylindrica, ovato-cylindrica aut subglobularis, stadio inamaturo obsoleto ad segmenta 1—2 redacto, segmento ultimo in collum breve producto, apertura semilunari valvulata instructo. Nunc sublaevis e pulvere tenuissimo agglutinata nunc sabulo scabra; nunc valida mm. 6—8, nunc pygmaea 1 mm. solum longa, laevigata Sagrinae similis; valvula aperturae saepissime indistincta.

Fig. 408: exemplum ovoideum.
Fig. 409: facies oralis ejusdem.
Figg. 410—412: aperturae forma variae.

Glandulina rudis Costa, 1855, Marna terz. Messina. Mem. Nap. 2, p. 142, t. 1, ff. 12—13.
Clavulina cylindrica v. Haniken 1875, For. Clavul. Szabói Schicht., Jahrb. ungar. geol. Anstalt 4, p. 18, t. 1, f. 8.
Karrer 1877, Hochquell. Wasserleit., Abh. geol. Reichsanst. Osterreichs. 9, p. 373, t. 16, f. 4.
Goës 1882, Retic. Rhizop. Carib Sea, Sv. Vet. Akad. Handl. 19, 4, t. 4, f. 77—81 (ad Uvigerinam dimorpham Park & Jones laevitatis causa relata, in fig. 81 est apertura neglecta).
C. cylindrica Brady 1884, Challeng. Rep. 9, p. 396, t. 48, f. 32—38.
Clav. rudis Fornasini, 1893. For. Messin., R. Accad. Sc. Instit. Bologna (5) 3, t. 1, ff. 13—14.

Hab. mare Caraïbicum m. tr. 300 vulgaris (Goës), ad Azores metr. 350 frequens (Smitt, Ljungman).

CASSIDULINA d'Orb.

C. laevigata d'Orb.

Tab. VIII, figg. 418—420.

Lenticularis, plerumque valde compressa et marginata aut anguste carinata, segmentis utrinque 4—5, centro nunc nudo nunc involuto, poris nunc obscuris nunc distinctis.

Cassidulina laevigata d'Orb. 1826, Ann. S. Nat. 7, p. 282, No. 1, t. 15, ff. 4, 5, Mod. 41.
Williams 1858, Rec. For. Gr. Brit., p. 68, t. 6, ff. 141—142.
Park. & Jones 1857, For. Coast of Norway., Ann. Mag. Nat. Hist. (2) 19, t. 11, ff. 17—18; idem 1865, North. Atl. & Arct. Oc.; Phil. Transact., 155, p. 377, t. 15, ff. 1—4.
Brady 1884, Chall. Rep. 9, p. 428, t. 54, ff. 1—3, t. 15, ff. 1—3.
C. punctata Rss. 1849, Neue For. Osterr., Wien Ak. DkSchr. 1, p. 376, t. 48, f. 4.
C. sicula Sgu. 1862, Rhizop. Catan; Accad. Gioenia Atti (2) 18, p. 27, t. 1, f. 7 (separ.)
C. pulchella d'Orb. 1839, For. Amer. mérid, p. 57, t. 8, ff. 1—3.
C. laevigata Brady, Park., Jones 1887, Abrolhos Bank Trans. zool. Soc. Lond. 12, 7, p. 221, t. 43, f. 11.

Hab. extra litora occidentalia Sveciae et Norvegiae profund. metr. 70—180; nec non ad Spetsbergiam et Groenlandiam metr. 180—500, haud rara. Diam. mm. 0.65.

C. crassa d'Orb.

Tab. VIII, figg. 421—422.

Disciformis, margine obtuso rotundato, segmentis plus minusque inflatis utrinque 4—5, centro saepe involuto; a praecedente non sat distincta.

Fig. 121: facies lateralis.
Fig. 122: facies marginalis.

C. crassa d'Orb. 1839, For. Amér. mérid. 5. p. 56, t. 7, ff. 18—20; 1846, Bass. tert. Vienne, p. 213, t. 21, ff. 42—43.
C. obtusa Will. 1858, Rec. For. Gr. Brit., p. 69, t. 6, ff. 113—114.
C. lævigata v. crassa Park. & Jones 1865, North Atl. & Arct. Oc., Phil. Transact. 155, p. 377, t. 15, ff. 5—7, t. 17, f. 64.
? **C. Margareta** Karr. 1877, Hochqu. Wasserleit., Abh. geol. Reichsanst. Österr. 9, p. 386, t. 16, f. 52.
C. crassa Brady 1884, Chall. Rep. 9, p. 429, t. 54, ff. 4—5.

Hab. mare Germanicum profund. metr. 180 rara; pygmaea mm. 0,28.

C. Bradyi Norman.
Tab. VIII, figg. 423—426.

Sublituiformis aut ovalis, plus minusve compressa, segmentis primis helicostegicis aut semi-helicostegicis sicuti in praecedentibus dispositis, ceteris oblique stichostegicis biserialiter interse alternatis.
Fig. 423: facies lateralis.
Fig. 424: facies marginis convexi.
Fig. 425: facies oralis exempli e mari Germanico.
Fig. 426: latior, ex Österfjord Norvegiae.

(Norman M. S.) Brady 1884, Chall. Rep., p. 431, t. 54, ff. 6—10.
Goës, 1882, Retic. Rhizop. Caribb., Sea, Sv. Kgl. Vet. Akad. Handl. 19, 4, t. 4, figg. 111—113 (magis inflata).

Hab. in mari Germanico metr. 180; Österfjord, Norvegiae metr. 180—360 rara; long. mm. 0,30—0,42 (Norman).

forma affinis:
stenostegica, numero segmentorum plus quam duplo majore, Tab. VIII, fig. 427.

Hab. cum praecedente rara, long. 0,42 mm.

APPENDIX.
EHRENBERGINA v. Reuss.
E. serrata Rss.
Tab. VIII, figg. 428—430.

Subtriangularis aut late ovalis aut rhomboidea, subcompressa, biconvexa; aut aequilateraliter subtrigono-pyramidalis; angulo segmentorum externo in spinam producto; segmentis primis nunc subhelicostegicis vel potius faciem oralem ("ventralem") versus inclinatis, nunc testa tota stichostegica.

Formas trigonas a compressis disjungere non proprium est. Variat margine interno segmentorum spinis instructo, ut facies oralis ("ventralis") series spinarum binas exhibeat.

Fig. 428: facies dorsalis s. lateralis convexa.
Fig. 429: facies "ventralis" aperturam praebens.
Fig. 430: apex cum apertura.

Ehrenbergina serrata Rss., 1849, Neue For. Österr., Wien. Ak. DkSchr. 1, p. 377, t. 48, f. 7.
BRADY, 1884, Chall. Rep. 9, p. 434, t. 55, ff. 2—7 (trigona, spinosa).
GOËS, 1882, Retic. Rhizop. Car. Sea, Sv. Vet. Akad. Handl. 19, 4, t. 6, ff. 183—184 (trigona, pro Verneuilina spinosa Rss tunc habita).

Hab. extra Azores insulas profund. metr. 100 passim (SMITT, LJUNGMAN). Long. mm. 0.50—0.55.

BULIMINA d'Orb.

B. pyrula d'Orb.

Ovoidea aut ellipsoidea plus minusve inflata, anfractu ultimo praecedentes fere obvelante, ut anfractus 1—2 solum appareant; vitrea, tenuissima; a sequente non specifice limitanda.

Bulimina pyrula D'ORB., 1846, Foss. tert. Vienne, p. 184, t. 11, ff. 9—10 (minuta, inflata).
? **B. caudigera** D'ORB., 1826, Tab. méthod., Ann. Sc. nat. 7, p. 270, No. 16, Mod. No. 68 (magis angustata).
B. auriculata, turgida BAIL., 1850, Microsc. exam. of soundings, Smitsonian contributions 2, 3, p. 12, figg. 25—31.
B. pyrula BRADY, 1884, Chall. Rep. 9, p. 399, t. 50, ff. 7—10.

Hab. cum sequente praesertim in maribus arcticis profund. metr. 300—530 minus frequens.

forma affinis: Statura et forma praecedentis nunc lata nunc angustata, segmentis nunc lente nunc raptim increscentibus, quo formae variae sint natae, anfractibus apparentibus 3—4—5.

B. ellipsoides COSTA, Tab. VIII, figg. 431—436.

Figg. 431—434: exempla duo cum facie orali utriusque, e mari Balusiae.
Fig. 435: major, subcylindrica, e mari Groenlandico, profund. metr. 340.
Fig. 436: angusta e sinubus Norvegicis, profund. metr. 100—150.

COSTA, 1854, Paleont. Nap. 2, p. 265, t. 15, f. 9.
Bul. pupoides var. GOËS, 1882, Ret. Rhizop. Carib. Sea, Sv. Vet. Akad. Handl. 19, 4, t. 4, ff. 86—87.
Bul. Presli var. **pyrula** PARK. & JONES, 1865, N. Atl. a. Arc. Oc., Philos. Trans. 155, p. 372, t. 15, ff. 8—9 (in praecedentem vergens).
Bul. tenera Rss., 1867, Steinsalz Ablag. Wieliczka, Wien. Ak. Sitz. Ber., 55, p. 94, t. 4, ff. 11—12.
Bul. ovata BRADY, 1884, Chall. Rep. 9, p. 400, t. 50, f. 13.
Bul. doliolum, ovoides TERQU., 1886, For. & Ostrac. d'Islande; Bull. Soc. zool. France, 1886, pp. 333, 334, t. 11, ff. 17—18, 20.
B. socialis BORNEM., 1855, Septar. Thon Hermsdorf, Zeitschr. deut. geol. Gesellsch. 7, p. 342, t. 16, f. 10.

Ab his non sat distincta:
B. ovata D'ORB., 1846, Foss tert. Vienne, p. 185, t. 11, ff. 13—14.
B. ovata, propinqua STACHE, 1865, Novara Reise, geol. Th. 1, pp. 266, 267, t. 24, ff. 14, 16.
B. affinis D'ORB., 1839, For. Cuba, p. 105, t. 2, ff. 25—26.
B. pupoides var. GOËS, 1882, Ret. Rhizop. Carib. Sea, Sv. Vet. Akad. Handl. 19, 4, t. 4, ff. 84—85.
B. affinis BRADY, 1884, Chall. Rep. 9, p. 400, t. 50, f. 14.
? **B. ovulum** ALTH., 1850, Ungeh. Lemberg, Haid. nat. hist. Abh. 3, p. 264, t. 13, f. 18.

Hab. in sinubus Sveciae occidentalis, Norvegiae, Groenlandiae, profund. metr. 150—300 sat frequens. Long. mm. 1—1.80.

B. marginata D'ORB.

Tab. IX. figg. 439—444.

Ovata margine segmentorum infero serrato aut spinoso, anfractibus visibilibus 5—7.

Bul. pupoides v. spinulosa WILL., 1858, Rec. For. Gr. Brit. p. 62, t. 5, f. 128, et B. aculeata BRADY, 1884, Chall. Rep., p. 406, t. 51, ff. 7—9 non sat distingvendæ; formæ intermediæ sæpe occurrunt.

Figg. 439—444: exempla tria cum facie orali cujusque.

Bul. marginata D'ORB., 1826, Tab. meth. Ann. Sc. nat. 7. p. 269, No. 4. t. 12. ff. 10—12.
BRADY, PARK., JONES, 1887, Abrohlos Bank. Trans. zool. Soc. Lond. 12, 7, p. 220, t. 43, ff. 7, 10.
Bul. pupoides v. **marginata** WILL., 1858, Rec. For. Gr. Brit., p. 62, t. 5, ff. 126—127.
Bul. marginata BRADY, 1884, Chall. Rep. 9, p. 405, t. 51, ff. 3—5.
Bul. acanthia COSTA, 1854, Pal. Nap. 2, p. 335, t. 13, ff. 35—36.

Hab. ad oras Sveciæ occidentales (etiam in freto), Norvegiæ et ad Spetsbergiam profund. metr. 50—270 sat frequens. Long. mm. 0.60—0.80.

B. subteres BRADY.

Tab. IX. figg. 445—453.

Elongate aut abbreviate ovalis, anfractibus 2—3 in spiram plus minusve regulariter retortam dispositis, apertura rima umbilicali aut juxta-umbilicali in margine segmenti infero, rare summo segmento propinqua, instituta; lævissima, interdum paullum compressa.

A Robertina arctica D'ORB., 1846, Bass. tert. Vienne, p. 203, t. 21, ff. 37—38 non distingvenda, quare nomen *Bul. arctica* Bul. *"subtereti"* sit præferendum.

A Bul. elegantissima D'ORB., 1839, For. Amer. mérid., p. 51, t. 7, ff. 13—14; WILLIAMS, 1858, Rec. For. Gr. Brit., p. 64, t. 5, ff. 134—135; BRADY, 1884, Chall. Rep. p. 402, t. 50, ff. 20—22, nisi anfractu hujus ultimo multo longiore segmentisque angustioribus et situ aperturæ medio segmento ultimo distincta. Inter formam utramque medium tenet *B. elegantissima* GOES, 1882, Ret. Rhiz. Carib. Sen. Sv. Vet. Akad. Handl. 19, 4, p. 66, t. 4, ff. 88, 89, 95—98.

Bulimina imperatrix KARR., 1868, Mioc. Kostej., Wien. Ak. S.Ber. 58, p. 176, t. 4, f. 11, est inter *B. pupoidem* et *B. subteretem* notis ambarum prædita.

Figg. 445, 447: exemplum paullum compressum e mari Spetsbergico.
Fig. 446: summum segmentum ultimum ejusdem.
Figg. 448—449: e mari Norvegico.
Figg. 450—452: c. apertura subapicali e mari Groenlandico.
Fig. 453: subcompressa (= Robertina arctica D'ORB.) e mari Spetsbergico.

Bul. subteres BRADY, 1884, Österr. Ung. Nordpol. Exped., Wien. Ak. DkSchr. 43, p. 104; Qv. Journ.
Microsc. Sc. 21 (n. s.), p. 55; WRIGHT, 1880, Rep. For. South. Donegal,
Proc. Belf. Nat. field Club, Append. 1880 81, t. 8, ff. 2, 2 a.
— BRADY, 1884, Chall. Rep. 9, p. 403, t. 50, ff. 17—18.
B. ologantissima BRADY, 1878, Retic. & Rad. Rhiz. Nordpol. Exp., A. M. N. (5) 1, p. 436, t. 21, f. 12.
B. Prosli v. ologantissima PARK. & JONES, 1865, N. Atl. & Arct. Oc., Philos. Transact. 155, p. 374, t. 15,
ff. 12—17.
B. Parkeri TERQ., 1886, For. & Ost. d'Islande, Bull. Soc. Zool. France 1886, p. 334, t. 11, f. 19.

Hab. mare Spetsbergiæ, Groenlandiæ, Norvegiæ metr. 60—350 passim, nec non ad Bahusiam rara. Long. mm.
0.50—0.80.

forma affinis:

late ovoidea, abreviata, subinflata, anfractibus 2—3, apertura ut in typica, sæpe
altera extraumbilicali suturali; forsan megasphaerica typi.
Forma a Robertina austriaca v. REUSS (1849, Neue For. Österr. Wien. Ak. DkSchr.
1, p. 375, t. 47, f. 15), paullum discrepans, structura tamen huic propinqua.
B. brevi D'ORB. (1839, For. Craie bl. Paris, Mém. Soc. géol. France 4, p. 41, t. 4,
ff. 13—14) etiam affinis.

B. Normani n. Tab. IX, figg. 437—438.

Hab. in sinubus Norvegicis profund. metr. 100—150 rara (NORMAN). Long. mm. 0.50—0.65.

B. convoluta WILLIAMS.

Ovate auricularis, compressa aut subcompressa, segmentis primis subhelicoideis, ceteris
irregulariter bi-triserialibus, suturis sæpe limbatis.
Cassidulinis, præsertim C. Bradyi NORMAN quam Baliminis magis propinqua.

B. pupoides var. **convoluta** WILLIAMS, 1858, Rec. For. Gr. Brit., p. 63, t. 5, ff. 132—133 (fig. vix correcta).
B. convoluta BRADY, 1884, Chall. Rep. 9, p. 409, t. 113, f. 6.

Hab. in sinubus Norvegicis ut Stoksund et extra Sartoroe metr. 70—200 paucas collegit Rev. NORMAN; pygmaea.
long. 0.50—0.60 mm.

** Virgulina.

V. squamosa D'ORB.
Tab. IX, figg. 454—456, 460.

Producta, anguste lanceolata, compressa aut subcompressa, segmentis in series binas
regulariter dispositis, nunc productis angustis, septisque obliqvatis, nunc paullo brevioribus,
septisque magis transversis, sæpissime non inflatis.
In luce transeunte sæpe quasi sabulosa, nebulosa.
Figg. 454—455: exempla e mari Caraïbico, var. Schreibersianæ approximantia;
a: facies apicalis segmenti ultimi.
Figg. 456, 460: e sinubus Norvegiæ; a: summum segmentum utrumque ultimum.

Virgulina squamosa D'ORB., 1826, Ann. Sc. nat. 7, p. 267, No. 1, Mod. 64; ROEMER, 1838, Nordd. Meeres-
sand., LEONH. & BRONNS, Jhb. 1838, p. 386, f. 39
Virg. punctata D'ORB., 1839, For. Cuba, p. 139, t. 1, ff. 35—36.
Bul. compressa BAILEY, 1850, Microscop. exam. of soundings, Smithson. Contribut. 2. art. 3, p. 12, ff. 35—37.

? **Virg. tegulata** v. Reuss., 1846, Böhm. Kreide 1, p. 40, t. 13, f. 81.
Bul. Presli var. **(Virg.) squamosa** Park. & Jones, 1865, North. Atl. & Arct. Oc., Phil. Transact. 155, p. 375, t. 15, f. 19.
Bul. squamosa Goës, 1882, Retic. Rhizop. Carib. Sea; Sv. Vet. Akad. Handl. 19, 4, p. 67, t. 4, ff. 99—100, 106—107.
Virg. squamosa Brady, 1884, Chall. Rep. 9, p. 415, t. 52, f. 9.

Obs. Boliv. textilarioides v. Rss. (1862, Norrd. Hils. & Gault., Wien. Akad. Sitz. Ber. 46, p. 84, t. 10, f. 1) et Boliv. elongata v. Karr (1878, For. Luzon, Bolet. Map. geol. Españ. 7, 2, p. 23, t. F, f. 8) non sat distinctæ, nisi magis complanatæ paulloque latiores.

Hab. in sinubus Norvegicis profund. metr. 180—530 passim. Long. mm. 0.60—1.15.

formæ propinquæ:

1. septis plus minusve transversis, segmentis brevioribus, plus minusve inflatis ut margo paullum qvasi lobatus sæpe videatur; poris paucis sparsis majoribus præcipue secundum suturas congregatis.

   A Boliv. (Textularia) lævigata Williams. Rec. For. Gr. Brit., p. 77, f. 168. segmentis inflatis distincta. Hæc Bol. tegulata Rss. 1850, Kreidemerg. Lemberg, Haid. Abh. 4, 1, p. 45, t. 4, f. 12 valde propinqua.

   A Boliv. textilarioides Rss. suturis magis transversis discrepans, nec non segmentis inflatis; secundum Cel. Dom. Balkwitt & Wright (Roy. Ir. Ac. Sc. 28, p. 334) eadem ac Bol. lævigata Williams; illa "textilarioides" tamen suturis magis obliquatis, segmentis plus productis ovalibusque Virg. squamosa d'Orb. magis propinqua.

V. obscura Goës, Tab. IX, figg. 457—458.

Fig. 457—458 exempla e mari Germanico profund. metr. 180; *a*: summum segmentum ultimum utrumque cum apertura.

Boliv. textilarioides Brady, 1884, Chall. Rep. 9, p. 419, t. 52, ff. 23?, 24—25, ab hoc non vere distincta.
Virg. texturata Brady, ibid., p. 415, t. 52, f. 6.
B. squamosa var. Goës, 1882, Ret. Rhizop. Carib. Sea. Sv. Vet. Akad. Handl. 19, 4, t. 4, ff. 105, 108.

Hab. sinus Norvegicos profund. metr. 500 (Revnd. Norman), mare Germanicum profund. metr. 180 rara, pygmæa mm. 0.45 longa.

2. segmentis plus minusve irregulariter dispositis, structura Buliminis propriis se proximante; præterea ut in typica. Juvenes Buliminis veris sæpe similes, forsan ut "Bul. ovata" d'Orb. interdum relatæ.

V. Schreibersiana Czjzek, Tab. IX, figg. 459, 461—472.

Fig. 459: exemplum minutum e mari Norvegico.
Fig. 461: subteres, e Gullmaren Bahusiæ.
Fig. 462: Bul. affini d'Orb. similis, juvenis, *a*: summum segmentum cum apertura, ex eodem loco.
Fig. 463: magis angusta, ex eodem loco.

Fig. 464: Bulimina verae similis, e mari Norvegico.
Fig. 465: e Gullmaren sinu; apertura dilatata; *a*: facies apicalis.
Figg. 466—67: exemplum a latere utroque visum; *a*: facies apicalis.
Fig. 468: exemplum minus.
Figg. 469—470: facies lateralis et marginalis alius, omnia e mari Spetsbergico.
Figg. 471—472: facies lateralis et marginalis alius, e Gullmaren Bahusiae.

Virgul. Schreibersiana Czjzek, 1847, For. Wien. Beck., Haid. nat. Abh. 2, p. 147, t. 13, ff. 18—21.
Bul. marginata *f attenuata* Parr. & Jones, For. Coast Norw., A. M. N. Hist. (2) 19, t. 11, f. 35.
Bul. Prosli v. (**Virg.**) **Schreibersii** Parr. & Jones, 1865, N. Atl. & Arct. Oc.; Philos. Trans. 155, p. 375, tt. 15, 17, ff. 18, 72—73.
Bul. pupoides v. **compressa** Will., 1858, Rec. For. Gr. Brit., p. 63, t. 5, f. 131.
Virg. schreibersiana Brady, 1884, Chall. Rep. 9, p. 414, t. 52, ff. 1—3.
Bul. squamosa var. Gœs, 1882, Rec. Rhiz. Carib. Sea, Sv. Vet. Akad. Handl. 19, 4, p. 67, t. 4, ff. 101, 106.
Virg. affinis Schreibersi Schwag., 1883, Libysche Wuste, Paleontographica 30, p. 112, t. 4, f. 11.

Obs. Bul. pupoides var. fusiformis Williams. Rec. For. Gr. Brit., p. 63, t. 5, f. 129 ad var. Schreibersianam forsan referenda; specimina a Dom. Jos. Wright e mari Islandico benigne communicata huic quidem valde propinqua.

Hab. ad oras Sveciae, Norvegiae, Spetsbergiae profund. metr. 40—890 haud infrequens; long. mm. 0,84 et ultra.

3. brevior, crassior, saepe subovalis, segmentis plus minusve inflatis, primis in seriem quasi semihelicoideam saepe dispositis, ceteris nunc magis oblique nunc magis transverse dispositis, testa in luce transeunte saepe nebulosa.

V. subsquamosa Egger, Tab. IX, figg. 473—474.

Fig. 473: facies marginalis.
Fig. 474: facies lateralis concava.

Egger, 1857, Misc. Octenb., Leonh. & Bronns Jbb. 1857, p. 295, t. 12, f. 19—21.
Virg. tenuis Seg., 1862, Rhizop. Catania, Accad. Gioen. Atti (2) 18, (Sep.) p. 28, t. 2, f. 2.
Brady, 1884, Chall. Rep. 9, p. 415, tab. 52, ff. 7, 8, 11.

Hab. in sinu Gullmaren profund. metr. 150 rara (Aurivillius & Wirén); minuta mm. 0,50 longa.

*** Bolivina.

B. punctata d'Orb.

Tab. IX, figg. 475—480.

Lanceolata aut sublinearis, plerumque compressa, regulariter textularioidea. Poris nunc obscuris, nunc distinctis; a B. squamosa nisi segmentis angustioribus, crebrioribus et poratione plerumque magis exquisita non distincta; interdum minus compressa.

Fig. 475: angusta Virgulinaeformis e sinu Codano; *a*: facies apicalis.
Figg. 476—77: latiores, e mari Atlantico extra Azores insulas, profund. metr. 540.
Fig. 478: in Virg. squamosam vergens, e mari Bahusiae; poratione obsoleta; *a*: facies apicalis.
Fig. 480: forma eadem, e mari Spetsbergensi; *a*: facies apicalis.

Bolivina punctata d'Orb., 1839. Voy. Am. mer. For., p. 61, t. 8, ff. 10—12.
Boliv. antiqua d'Orb., 1846, Bass. tert. Vienne, p. 240, t. 14, ff. 11—13.
　　　　Egger (ex parte), 1857, Mioc. Ortenb., Leonh. & Bronn's Jbb. 1857, p. 294, t. 12, f. 26.
Boliv. catanensis Seg., 1862, Rhizop. foss. Catania, Accad Gioenia Atti (2) 18 (Sep.), p. 29, t. 2, f. 3.
Boliv. punctata Brady, 1864. Rhizop. Shetl., Trans. Lin. Soc. 24, p. 468, t. 48, f. 9.
Boliv. elongata v. Hantk., 1875, Clavul. Szabói Sch., Mittheil. Jhb. K. Ungar. geol. Anstalt 4, p. 65, t. 7, f. 14.
Boliv. punctata Мов., 1880, For. Maurit., p. 94, t. 9, ff. 9—10.
　　　　Brady, 1884, Chall. Rep. 9, p. 417, t. 52, ff. 18—19.

Hab. ad oras occidentales Sveciæ, Norvegiæ nec non Spetsbergiæ profund. metr. 150—270 passim; long. 0.30—0.90 mm.

formæ affines:

1. paullum dilatata, costis tenuibus sparsis longitudinalibus paucis:

B. ænariensis Costa.
Brizalina ænariensis Costa, 1854, Palæont. Nap. 2, p. 297, t. 15, f. 1.
Bul. punctata Goës, 1882, Rel. Rhizop. Carib. Sea, Sv. Vet. Akad. Handl. 19, 4, t. 4, ff. 114—115.
Boliv. ænariensis Brady, 1884, Chall. Rep. 9, p. 423, t. 53, ff. 10—11.
　　　　Brady, Parker, Jones, 1887, Abrolhos Bank, Transact. Zool. Soc. 12, 7, p. 221, t. 43, ff. 2, 4, 5.

2. dilatata, subtriangularis, anceps lanceolata, segmentis plerumque angustioribus.

B. dilatata Rss., Tab. IX, figg. 482—86.

Fig. 482: exemplum e sinu Bergensium Norvegiæ.
Fig. 483: facies oralis ejusdem.
Fig. 484: e Rasvaag Norvegiæ.
Fig. 485: facies marginalis ejusdem.
Fig. 486: e sinu Skagerack.

v. Reuss, 1849, Neue For. Österr., Wien. Ak. DkSchr. 1, p. 381, t. 48, f. 15.
Text. variabilis v. **spathulata** Will., 1858, Rec. For. Gr. Brit., p. 76, t. 6, ff. 164—165.
Goës, 1882, Rel. Rhizop. Carib. Sea, Sv. Vet. Akad. Handl. 19, 4, t. 4, ff. 124—126.
Brady, 1884, Chall. Rep. 9, p. 418, t. 52, ff. 20—21.

Obs. Boliv. robusta Brady, 1884, Chall. Rep., p. 421, t. 53, ff. 7—9 ab hac notis specificis non sat distincta. Vide descriptionem auctoris, ubi nota characteristica nulla est relata. Specimina originalia a Rev. Norman benigne tradita nullum specificum exhibent.

Hab. cum forma typica passim.

B. difformis Williams.

Triangularis compressa, dilatata, segmentis paullum inflatis angulo externo in acumen producto, quare margo serratus.

Textularia variabilis var. **difformis** Williams, 1858, Rec. For. Gr. Brit., p. 77, t. 6, ff. 166—167.
Bolivina pygmæa Brady, (1881) 1884, Chall. Rep. 9, p. 424, t. 53, ff. 5, 6.

Hab. in sinu Österfjord Norvegiæ, profund. metr. 178—360 (Norman). Long. mm. 0.25—0.30.

B. plicata (d'Orb.) Brady.

Tab. IX, figg. 487—488.

Modice compressa, suturis irregulariter sinuato-impressis, impolita, scabra quasi arenacea, in luce transeunte obsolete areolata aut undato-irregulariter interrupte subcostata; poris non sat distinctis; linea suturali mediana plerumque impressa, apertura lamina perforata aut lingva interdum semiocclusa.

Fig. 487: facies lateralis, cum impressionibus suturalibus.
Fig. 488: facies oralis.

d'Orb., 1839, For. Amer. merid., p. 62, t. 8, ff. 4—7.
Brady, 1870, For. Brack. Water., An. Mag. Nat. H. (4) 6, p. 302, t. 12, f. 7.

Hab. in Bukkefjord Norvegiæ profund. metr. 180—260 (Norman). Long. 0,42.

UVIGERINA d'Orb.

U. pygmæa d'Orb.

Tab. IX, figg. 496—501.

Ovalis aut subcylindrica, teretiuscula, segmentis triserialibus plus minusve inflatis omnibus aut aliqvot costatis aut lineatis; interdum fere lævis costis valde obsoletis, a U. canariensi d'Orb. haud multum diversa.

Figg. 496—97: cylindrica, U. tenuistriata v. Reuss.
Figg. 498—501: typicæ.

U. pygmæa d'Orb., 1826, Tab. méthod., An. Sc. nat. 7, p. 269, t. 12, ff. 8, 9, Mod. 67.
    Goës, 1882, Rec. Rhizop. Carib. Sea, Sv. Vet. Akad. Handl. 19, 4, p 59, t. 4, ff. 68—70 (ubi vide Synonymiam).
    Brady, 1884, Chall. Rep. 9, p. 575, t. 74, ff. 11—14.
    Brady, Park., Jones, 1887, Abrolhos Bank, Trans. Zool. Soc. Lond. 12, 7, t. 45, f. 1.

Obs. Uv. tenuistriata Rss., 1870, For. Pietzpuhl, Wien. Ak. Sitz. Ber. 62, p. 485; v. Schlicht Foramf. Pietzpuhl, t. 22, ff. 34—36; Brady, 1884, Chall. Rep., p. 574, t. 74, ff. 4—7; cylindrica, elongata, striata, non sat distincta.

Hab. ad oras occidentales Scandinaviæ profund. metr. 20—90 sat freqvens. Long. 1 mm. circiter.

U. angulosa Will.

Tab. IX, figg. 502—509.

Triqvetra plus minusve costata aut lævis; a varietate triqvetra U. canariensis difficile distingvenda.

Figg. 502—507: læves c. faciebus oralibus.
Fig. 508: costulata.
Fig. 509: facies oralis ejusdem.

U. angulosa Williams, 1858, Rec. For. Gr. Brit., p. 67, t. 5, f. 140.
— Brady, 1884, Chall. Rep. 9, p. 576, t. 74, ff. 15–18.
Synonymiam vide Goës, 1882, Ret. Rhizop. Carib. Sea; Sv. Vet. Akad. Handl. 19, No. 4, p. 60.

Hab. ad oras occidentales Scandinaviæ praesertim Norvegicis profund. metr. 20–530 sat frequens nec non ad Spetsbergiam et Groenlandiam passim profund. metr. usque ad 1,600; minor, long. 0,50–0,70 mm.

* Sagrina.

S. dimorpha Park. & Jones.
Tab. IX, figg. 510–511.

Subcompressa, sublinearis, suturis saepe undulate impressis aut foveis instructis, collo aperturae brevissimo sublimbato; interdum areolata, quasi arenacea.

Fig. 510: facies lateralis.
Fig. 511: facies oralis.

Uvig. (Sagr.) dimorpha Park. & Jones, 1865, North. Atl. & Arct. Oc., Phil. Transact. 155, p. 420, t. 18, f. 18.
Sagr. dimorpha Brady, 1884, Chall. Rep. 9, p. 582, t. 76, ff. 1–3.

Hab. in sinubus Norvegicis, ut Bukken, Osterfjord etc. profund. metr. 260–350 passim (Norman), pygmæa, 0,38 mm.

APPENDIX.
U. canariensis d'Orb.
Tab. IX, figg. 489–493.

Laevis, nitida, ovata aut clavate fusiformis, obtuse trigona, segmentis plerumque triserialibus plus minusve inflatis.

Fig. 489: minus tumida.
Fig. 490: facies oralis.
Fig. 491: forma tumida.
Fig. 492: facies oralis.

Uv. Canariensis d'Orb., 1839, For. Canar., p. 138, t. 1, ff. 25–27.
— Brady, 1884, Chall. Rep. 9, p. 573, t. 74, ff. 1–3.
? **U. nodosa** var. ? d'Orb., 1826, Tab. method., A. Sc. nat. 7, p. 269, No 3.
U. proboscidea Schwag., 1866, For. Kar.-Nikob. Novara Reise geol. Th. 2, p. 250, t. 7, f. 96.

Hab. ad Azores insulas profund. metr. 530 sat frequens (Smitt, Lundgren); 1 mm. longa circiter.

Variat minus inflata, triangularis, praeterea ut typica. Tab. IX, fig. 493.

Hab. cum typica passim.

U. Auberiana d'Orb.
Tab. IX, figg. 494–495.

Impolita, scabra aut spinosa, segmentis interdum subbiserialibus.
Forma praecedenti similis, saepe nisi superficie scabra et statura minore diversa.

Fig. 494: facies lateralis.
Fig. 495: facies oralis.

U. Auboriana d'Orb., 1839, For. Cuba, p. 106, t. 2, ff. 23—24 (pygmaea).
— Goës, 1882, Ret. Rhizop. Carib. Sea; Sv. Vet. Akad. Handl. 19, N:o 1, p. 60, t. 4, ff. 71—74 (pygmaea, spinis sparsis aut deficientibus).
U. asperula Brady, 1884, Chall. Rep., p. 578, t. 75, ff. 6—7 (spinosa).
— Brady, Park., Jones, 1887, Abroldos Bank, Trans. Zool. Soc. Lond. 12, 7, t. 45, ff. 4—5.
? **U. farinosa** v. Hxn., 1875, For. Clav. Szab. Sch. (separ.), p. 62, t. 7, f. 6 (spinis destituta).
U. gracilis Reuss., 1851, Sept. Thon, Berlin, Zeitschr. d. geol. Ges. 3, p. 77, t. 5, f. 39 (spinosa).

Obs. Uv. asperula et Orbignyana Czizek, 1847, For. Wien, Beck., Haid. nat. wiss. Abh. 2, p. 146, t. 13, ff. 14—17. U. pygmaea magis propinqua videntur.

Hab. cum praecedente ad insulas Azores (Smitt & Ljungman). 0,50—0,70 mm.

CHILOSTOMELLA v. Reuss.
Ch. ovoidea v. Rss.
Tab. IX, figg. 512—516.

Hyalina, ovata, ellipsoidea aut subcylindrica, segmento ultimo, tres-quatuor partes penultimi aut plus obvelante, sutura nunc subhorizontali nunc valde obliquata faciem aboralem versus declinante; poris minutis creberrimis, majoribus sparsis intermixtis (his tamen interdum deficientibus); dispositio segmentorum fere "biloculina".

Figg. 512—513: exempluin sutura fere transversa.
Fig. 514: longitudine secta.
Figg. 515—516: facies orales.

Reuss., 1849, Neue For. Österr., Wien. Ak. DkSchr. 1, p. 380, t. 48, f. 12.
Ch. Czjzeki Reuss., ibid., t. 48, f. 13.
Ch. cylindroides Reuss., 1851, Septar. Thon Berl. Zeitschr. dent. geol. Gesellsch. 3, p. 80, t. 6, f. 13.
— **tenuis** Bornem., 1855, Septar. Th. Hermsdorf., ibid. 7, p. 343, t. 17, f. 1, 2.
1870, v. Schlicht, t. 25, ff. 17—22, 25—48.
Ch. cylindrica v. Hxn. For. Clavul. Szaboi Sch. (separ.) p. 63, t. 7, f. 7.
Ch. ovoidea Brady, 1879, Notes on Ret. Rhizop., Qu. Journ. microsc, Sc. (n. ser.) 19, p. 280, t. 8, ff. 11—12.
— Brady, 1884, Chall. Rep., p. 436, t. 55, ff. 12—23.

Hab. in Österfjord Norvegiae profund. metr. 180—350 (Normann). Long. mm. 0,50—0,80.

ALLOMORPHINA v. Reuss.
A. trigona v. Reuss.
Tab. IX, figg. 517—519.

Subtrigona aut trilobata, cordiformis compressa aut subcompressa; dispositio segmentorum "triloculina", ceterum ut in praecedente; apertura rima lateralis, umbilicalis, suturalis inter ultimum et penultimum aut inter ultimum et antepenultimum segmentum instituta. Genus immerito a Chilostomella disjunctum.

Fig. 517: facies lateralis, aboralis, anfractu antepenultimo vix obvelato.
Fig. 518: facies lateralis, oralis.
Fig. 519: facies marginalis.

v. Rss., 1849, Neue For. Österr., Wien. Ak. DkSchr. 1, p. 380, t. 48, f. 14.
Brady, 1879, Notes on Ret. Rhizop., Qu. Journ. micr. Sc. (n. ser.) 19, p. 281, t. 8, ff. 13 14
     1884, Chall. Rep., p. 438, t. 55, ff. 24 26.
All. cretacea v. Rss. 1850. Kreidem. Lemberg., Haid. naturw. Abh. 4, p. 42, t. 4, f. 6.
Fide' Mod. 74.

Hab. ad Spetsbergiam in Redbay profund. metr. 20 invenit unicam G. Nordenskiold. Long. 0.50 mm.

POLYMORPHINA d'Orb.

P. lactea Walk. & Jac.

Late ovalis aut suborbicularis, compressa aut subcompressa, segmentis conspicuis 3—4.

Serpula lactea Walk. & Jac., 1798 (Kanmacher). Adams' Essays, Ed. II, t. 24, f. 4.
Globulina irregularis, aequalis d'Orb., 1846, Bass. tert. Vienne, p. 227, t. 13, ff. 9 12.
     inflata Rss., 1851, Septar. Thon. Berlin, Zeitschr. deutsch. geol. Ges. 3, p. 81, t. 6, f. 45.
Guttulina turgida Rss., 1855, Tert. Schicht. nördl. u. mittl. Deutschl., Wien. Ak. Sitz. Ber. 18, p. 246, t. 6,
     ff. 66 (a var. gibba d'Orb. haud multum diversa).
Polym. globosa (v. Münst.), Roem., 1838, Nordd. tert. Meerassand, Leonh. u. Bronns Jhb. 1838, p. 386, t. 3, f. 32.
Globul. amygdaloides Rss., 1851, Sept. Thon. Berlin, Zeitschr. deut. geol. Gesellsch. 3, p. 82, t. 6, f. 47.
     subalpina Gümb., 1868, Nordalpin. Eocän., K. Bay. Ak. Wissensch. Abh. 10, 2, p. 646, t. 2, f. 80.
     globosa Rss., 1846, Böhm. Kreide. 1, p. 40, t. 13, f. 82; 1861, Kreidetuff Maestrich., Wien. Ak.
     Sitz. Ber. 44, p. 318, t. 3, f. 3.
Polym. Münsteri v. Hantken, 1875, Clavul. Szaboi Sch., Separ., p. 61, t. 7, f. 16.
Glob. Roemeri Reuss, 1855, Tert. Sch. u. mittl. Deutschl., Wien. Ak. S.Ber. 18, p. 245, t. 6, f. 63.
Guttul. diluta Bornem., 1860, For. Magdeburg, Zeitschr. deutsch. geol. Gesellsch. 12, p. 160, t. 6, f. 11.
Polym. ovulum Reuss, 1855, Tert. Sch. nördl. u. mittl. Deutschl., Wien. Ak. Sitz. Ber. 18, p. 250, t. 8, f. 83.
     gravis Karr., 1870, Kreidef. Leitzendorf., Jhb. K. K. geol. Reichsanst. Österr. 20, p. 181, t. 11, f. 12.
     Münsteri Reuss, 1855, Tert. Sch. nördl. u. mittl. Deutschl., Wien. Ak. S.Ber. 18, p. 249, t. 8, f. 80
     (in P. compressam d'Orb. vergens).
Guttul. Raibliana Gümb., 1869, Cassian. u. Raibl. Sch., K. K. geol. Reichsanst. Österr. 19, p. 182, t. 6, f. 31.
     mutabilis Costa, 1854, Pal. Nap. 2, p. 275, t. 18, ff. 1—3 (in var. acutam Roem. vergens).
     deformata Reuss, 1855, Tert. Sch. nördl. u. mittl. Deutschl., Wien. Ak. S.Ber. 18, p. 245, t. 6, f. 64.
     gravida v. compressa Terq., For. & Osirac. de l'Islande, Bull. Soc. Zool. Frs. 1886, p. 334, t. 11, f. 21.
Glob. inaequalis Rss., 1849, Neue Foramf. Österreichs. Wien. Ak. DkSchr. 1, p. 377, t. 48, f. 9.
Polym. (Guttulina) communis d'Orb., 1826. Tabl. meth., Ann. Sc. nat. 7, p. 266, t. 12, ff. 1—4, Mod. 62.
Guttul. communis d'Orb., 1846, Bass. tert. Vienne, p. 224, t. 13, ff. 6—8.
Polym. communis Brady, Park. & Jones, 1870, Genus Polymorph., Transact. Lin. Soc. 27, p. 224, t. 39, f. 10.
     Brady, 1884, Chall. Rep. 9, p. 568, t. 72, f. 19.
Glob. depauperata Rss., 1867, Steinsalz. Wieliczka, Wien. Ak. S.Ber. 55, p. 89, t. 3, f. 9 (inter compressam
     & communem).
Polym. communis Roem., 1838, Leonh. u. Bronn. Jhb. 1838, p. 385, t. 3, f. 29.
Guttul. cretacea Alth., Umgeb. Lemberg., Haid. naturw. Abh. 3, 2, p. 262, t. 13, f. 14 (in var. problema vergens).
     Rss., Kreidem. Lemberg., Haid. naturw. Abhandl. 4, 1, p. 44, t. 4, f. 10, t. 13, f. 14 (in
     var. problema d'Orb. vergens).
     semiplana Rss., 1851, Sept. v. Berlin, Zeitschr. deutsch. geol. Gesellsch. 3, p. 82, t. 6, f. 48.
     fissurata, obliquata Stache, 1864, Tert. Merg. d. Whaingaroa Hafens, Novara Reise geol. Theil 1,
     p. 263, t. 24, ff. 10 11.
Polym. lactea Brady, Park. & Jones, 1870, Gen. Polymorph., Transact. Lin. Soc. 27, p. 213, t. 39, f. 1.
     Brady, 1884, Chall. Rep. 9, p. 559, t. 71, f. 11.
     amygdaloides Brady, ibid., p. 560, t. 71, f. 13.
     problema v. **deltoidea** v. Hantk., 1875, Clav. Szab. Sch. (Separ.), p. 591, t. 8, f. 3.
     lactea Williams., 1858, Rec. For. gr. Brit., p. 71, t. 6, f. 147.
     var. **communis** Williams., 1858, ibid., p. 72, t. 6, ff. 153 155.

Obs. Polym. lactea var. oblonga Will., est varietas distincta.

Hab. in sinubus Bahusiae et Norvegiae profund. metr. 60—120 minus frequens.

* forma aulostoma:
   Polym. lactea var. tubulosa Park. & Jones, 1865, N. Atl. & Arct. Oc., Phil. Transact. 155. p. 362.
   t. 13, f. 52.

** rudis:
   Polym. ampla Karr., 1870, Kreidef. Leitzersdorf. Jhb. K. K. geol. Reichsanst. Österreich. 20. p. 181.
   t. 11, f. 13.

formæ affines:

1. globosa aut late lacrymæformis, aut inflate lenticularis, segmentis apparentibus 3—6, a typica non distincta:

P. gibba d'Orb., Tab. IX, figg. 520—526.

Figg. 520—521: forma gibba d'Orb. fere typica.
Fig. 522: forma "avlostoma" ejusdem.
Figg. 523—524: in "communem" d'Orb. vergens.
Figg. 525—526: magis lenticularis.

   Globul. gibba d'Orb., 1826, Tab. méth., Ann. Sc. nat. 7. p. 266, No. 20; 1846, Bass. tert. Vienne.
   p. 227, t. 13, ff. 13—14.
   Polym. lactea Park. & Jones, 1864, North. Atl. and Arct. Oc., Phil. Transact. 155, p. 359, t. 13,
   ff. 45—46.
   Glob. amplectens Rss., 1851, Septar. Thon. Berl., Zeitschr. deutsch. geol. Gesellsch. 3, p. 81, t. 6, f. 44.
   Polym. gibba var. orbicularis Karr., Mioc. Kostej., Wien. Ak. Sitz. Ber. 58, p. 174, t. 4, f. 8.
   Glob. subgibba Gümb., 1868, Nordalp. Eocän, Abh. K. Bayer. Akad. Wissensch. 10, 2, p. 645, t. 2, f. 79.
   tubulifera, amplecteus Bornem., 1860, For. Magdeburg, Zeitschr. deutsch. geol. Gesellsch. 12,
   p. 160, t. 6, ff. 10, 12.
   lacryma Rss. 1845, Böhm. Kreidef. 1, p. 40, t. 12, f. 6; t. 13, f. 83.
   Alth., 1850, Umgeb. Lemberg. Haid. naturwissensch. Abh. 3, 2, p. 263, t. 13, f. 16.

   Hab. in sinubus Bahusiæ et Norvegiæ profund. metr. 60—120 passim; forma subcompressa frequentior.

* forma avlostoma:
   Glob. tubulosa d'Orb., 1846, Bass. tert. Vienne, p. 228, t. 13, ff. 15—16.
   Polym. orbignii Bk., Park. & Jones, 1870, Genus Polymorphina, Transact. Lin. Soc. 27, p. 244, t. 13, f. 38.
   gibba Brady, 1883, Chall. Rep. 9, p. 562, t. 73, f. 16.
   Wright, 1885, Proc. Belfast nat. Field Club 1884—85. Append. t. 26, f. 11.

** rugosa, spinosa aut tuberculata:
   Glob. rugosa d'Orb., 1846, Bass. tert. Vienne, p. 229, t. 13, ff. 19—20.
   Polym. leprosa Rss., 1867, Steinsaltz abl. Wieliczka, Wien. Ak. S.Ber. 55, p. 89, t. 4, f. 3.
   Glob. asperula Gümb., 1868, Nordalp. Eocän, K. Bay. Ak. Wiss. Abh. 10, p. 646, t. 2, f. 81.
   Polym. horrida Karr., 1877, Hochqu. Wasserleit, Abh. geol. Reichsanst. Österr. 9, p. 385, t. 16, f. 46.
   Glob. spinosa d'Orb., 1846, Bass. tert. Vienne, p. 230, t. 13, ff. 23—24.
   Polym. v Balkw. & Wright, 1885, Rec. Dubl. For., Transact. R. Irish Ac. Sc. 28, p. 347, t. 12, f. 27.
   Glob. punctata d'Orb., 1846, Bass. tert. Vienne, p. 229, t. 13, ff. 17—18.
   ? Polym. foveolata Rss., 1867, Steinsalzablag. Wieliczka, Wien. Ak. Sitz. Ber. 55, p. 90, f. 2 (Polym.
   æquali d'Orb. par).
   Polym. asperula Karr., 1877, Hochqu. Wasserleit, Abh. geol. Reichsanst. 9, p. 385, t. 16, f. 47
   (formæ typicæ proximans).
   hirsuta Brady, Park., Jones, 1870, Gen. Polymorph., Transact. Lin. Soc. 27, p. 243, t. 42, f. 37.
   Glob. tuberculata d'Orb., 1846, Bass. tert. Vienne, p. 230, t. 13, ff. 21—22.
   Polym. Brady, Park., Jones, 1870, Gen. Polymorph., Transact. Lin. Soc. 27, p. 242, t. 41, f. 35.

2. magis producta, ovalis, fusiformis, subcylindrica aut pyriformis, teres aut subcompressa, segmentis apparentibus circiter 3—5.
A Pyrulina gutta d'Orb. vix distincta.

P. acuta Roemer. Tab. IX, figg. 527–528, Tab. X, figg. 537–538.

Figg. 527–528: P. sororia v. Reuss, e mari Spetsbergico.
Figg. 537–538: producta ovalis subcompressa, e mari Newfoundlandico.

Globulina acuta Roemer, 1838, Tert. Meeres., Leonh. u. Bronns Jhb. 1838, t. 3, f. 36.
Polym. clavata Roemer, ibid., t. 3, f. 38.
Glob. acuta v. Reuss, 1855, Tert. Sch. nordl. u. mittl. Deutschl., Wien. Ak. Sitz. Ber. 18, p. 245, t. 6, f. 62.
Polym. longicollis Karr., 1870, Kreidef. Leitzendorf., Jhb. K. geol. Reichsanst. Osterr. 20, p. 181, t. 11, f. 11.
Glob. guttula Rss., 1851, Sept. Thon. Berl., Zeitschr. deutsch. geol. Gesellsch. 3, p. 82, t. 6, f. 46.
— minuta Rss., 1849, Neue For. Osterr., Wien. Ak. Dksch., 1, p. 377, t. 48, f. 8.
Polym. oblonga, minuta Roem. 1838, Norddl. tert. Meeress., Leonh. u. Bronns Jhb. 1838, p. 386, t. 3, ff. 34–35.
Guttul. deplanata Rss., 1855, Tert. Sch. nordl. u. mittl. Deutschl., Wien. Ak. Sitz. Ber. 18, p. 246, t. 6, f. 67.
Globul. lacryma Rss., 1850, Kreidem. Lemberg, Haid. nat. Abh. 4, p. 43, t. 4, f. 9.
Polym. amygdaloides Rss., 1855, Tert. Schicht. nördl. u. mittl. Deutschl., Wien. Ak. Sitz. Ber. 18, p. 250, t. 8, f. 81 (in P. compressam verg.)
— sororia Rss., 1863, Septar. Thon. Offenb., Wien. Ak. Sitz. Ber. 48, p. 57, t. 7, ff. 72–74.
— Rss., For. Crag. d'Anvers, Bull. Ac. Belg. (2) 15, p. 151, t. 2, ff. 25–29.
Globul. minima Bornem., 1855, Sept. Thon. Hermsdorf, Zeitschr. deutsch. geol. Gesellsch. 7, p. 344, t. 17, f. 3.
Guttul. austriaca d'Orb., 1846, Bass. tert. Vienne, p. 223, t. 12, ff. 23–25 (ad P. problema a Bradt relata).
Glob. prisca Rss. 1862, Norddl. Hils u. Gault, Wien. Ak. Sitz. Ber. 46, p. 79, t. 9, f. 8.
Polym. liassica Strick., 1846, Qvart. Journ. geol. Soc. 2, p. 30, f. a.
Polym. similis Rss., 1855, Tert. Sch. nördl. u. mittl. Deutschl., Wien. Ak. Sitz. Ber. 18, p. 249, t. 7, f. 79.
Polym. amoena Karr., 1877, Hochgn. Wasserl., Abh. K. geol. Reichsanst. Osterr. 9, p. 385, t. 16, f. 45 (in Pol. lanceolatam Rss transiens).
Polym. lactea, sororia, sororia v. cuspidata Brady, 1884, Chall. Rep. 9, p. 559, 562, 563, t. 71, ff. 14–19, t. 72, f. 4.
a Polym. fusiformis Roem. et Globul. porrecta Reuss, Westphal. Kreid., Wien. Ak. Sitz. Ber. 40, p. 250, t. 12, f. 4, non sat. distincta.

Hab. ad oras Newfoundlandiae, Spetsbergiae profund. metr. 80–130 passim.

* avlostoma:
Globul. horrida Rss, 1846, Bohm. Kreid. 2, p. 110, t. 43, f. 14, Kreidem. Lemberg, Haid. nat. Abh. 4, p. 43, t. 4, f. 8.
Avlostomella pediculus Alth., 1849, Ungeb. Lemberg, Haid. nat. Abh. 3, p. 264, t. 13, f. 17.
Polym. sororia Brady, 1884, Chall. Rep. 9, p. 562, t. 73, f. 15.

3. subcompressa aut teres, segmentis magis inflatis, extra apparentibus 5–7; a typica non distingvenda.

P. problema d'Orb.
Guttulina problema d'Orb., 1826, Tabl. meth., Ann. Sc. nat. 7, p. 266, No. 14, Mod. 64; 1846, Bass. tert. Vienne, p. 224, t. 12, ff. 26–28.
Polymorph. crassatina (v. Münst.), spiciaeformis Roem., 1838, Norddl. tert. Meeressand, Leonh. u. Bronns Jhb. 1838, p. 385, t. 3, ff. 30–31.

Polym. problema Brady, Park., Jones. 1870, Gen. Polymorph., Trans. Lin. Soc. 27, p. 225, t. 39, f. 11;
Crag. foramf. Pal. Soc. 19, t. 1, f. 64; Brady, 1884, Chall. Rep., p. 568,
t. 72, f. 20, t. 73, f. 4.
Polym. problema, uvula Egg., 1857, Misc. Ortenburg, Laonh. u. Bronn Jhb. 1857, p. 285, t. 10,
ff. 23—29.
Gutt. rotundata, problema Rss, 1864, Oberoligocän, Wien. Ak. Sitz. Ber. 50, p. 469, t. 3, f. 4,
p. 470 t. 5, f. 5
pusilla Stache, 1865, Whaingaroa Haf., Novara Reise geol. Th. 1, p. 264, t. 24, f. 12.
Polym. acuminata v. Hantk., 1875, For. Clav. Szaboi Sch., p. 60, t. 8, f. 4
Glob. discreta Rss, 1849, Neue For. Österr., Wien. Ak. DkSchr. 1, p. 378, t. 48, f. 10.
? **Gutt. vitrea** d'Orb., 1839, For. Cuba, p. 135, t. 3, ff. 1—3 (sede incerta).

Hab. c. præcedente rara.

* rudis:

Glob. caribæa d'Orb., 1839, For. Cuba, p. 135, t. 2, ff. 7—8.

P. rotundata Bornem.

Tab. IX, figg. 529—534.

Ovalis aut pyriformis, teres aut subcompressa, segmentis apparentibus 4—8 irregulariter dispositis.

Variat: subcylindrica, segmento adultarum ultimo margine spinis armato, Nodosariæ armatæ Reuss similis.

Figg. 529—530: e Korsfjord, Norvegia.

Fig. 531: altera ex eodem loco paullum compressa.

Fig. 532: facies marginalis ejusdem.

Figg. 533—534: var. armata, e freto Koster insularum.

Guttul. rotundata Bornemann, 1865, Septar. Thon. Hermsdorf, Zeitschr. deutsch. geol. Gesellsch. 7, p. 346,
t. 18, f. 3.
Guttul. fracta, Globul. dimorpha, incurva, globosa, obtusa Bornem., ibid., p. 344—346, t. 17, ff. 4—6,
t. 18, ff. 1. 2.
Polym. rotundata Rss, 1870, v. Schlicht, For. Pietzpuhl., t. 26, ff. 13—15, t. 28, ff. 1—5, t. 30, ff. 33—40.
turgida Rss, v. Schlicht, ibid., t. 28, ff. 6—10, t. 29, ff. 1—5.
tenera Karr., 1868, Mioc. Kostej; Wien. Ak. S.Ber. 58, p. 174, t. 4, f. 9.
rotundata Br., Park. & Jones, 1870, Genus Polymorph., Transact. Lin. Soc. 27, p. 234, t. 40,
f. 19, a—c.
gigas Karr., 1877, Hochquell. Wasserleit., Abh. geol. Reichsanst. Österr. 9, p. 384, t. 16, f. 14.
rotundata Brady, 1884, Chall. Rep. 9, p. 570, t. 73, ff. 5—8.

Ab hac non sat distincta:

Polym. oblonga d'Orb., 1846, Bass. tert. Vienne, p. 232, t. 12, ff. 29—31; Brady, 1884, Chall. Rep., p.
569, t. 73, ff. 2—4.
Polym. uvæformis Rss, 1855, Kreidemerg. Mecklenb., Zeitschr. deutsch. geol. Gesellsch. 7, p. 289, t. 11, f. 5
? **Polym. Soldanii** d'Orb., 1826, Tabl. méth., Ann. Sc. Nat. 7, p. 265, No. 12.
? **Polym. subdepressa** Rss, 1855, Tert. Sch. nördl. u. mittl. Deutschl., Wien. Akad. S.Ber. 18, p. 249,
t. 8, f. 81.
Polym. leopolitanæ Rss, 1850, Kreidemerg. Lemberg, Haid. naturw. Abh. 4, p. 44, t. 4, f. 11.
? **Polym. rudis** Rss, 1861, Kreidetuff. Maastrich., Wien. Ak. S.Ber. 44, p. 319, t. 3, ff. 5—8.

Hab. in sinubus Bahusiæ et Norvegiæ profund. metr. 90—360 passim.

P. angusta Egger.

Tab. X, figg. 535—536.

Subcylindrica aut elongato ovata, teres aut subteres, segmentis apparentibus 4—6. A Polym. lactea var. acuta Roem., cujus forma pygmæa, non sat distincta.

Glob. angusta Egger, 1857, Misc. Orienburg. Leonh. & Bronns Jhb. 1857, p. 290, t. 13, f. 13—15.
Polym. fusiformis (ex parte) Brady, Park., Jones, 1870, Gens Polymorph., Trans. Lin. Soc. 27, p. 219.
 angusta Brady, 1884, Chall. Rep. 9, p. 563, t. 72, ff. 1—3.

Hab. mare Spetsbergicum profund. metr. 30 rara; pygmæa, long. mm. 0,60.

P. compressa d'Orb.

Tab. X, figg. 539—553.

Plus minusve compressa, late aut elongato ovalis, segmentis irregulariter biserialibus apparentibus 5—8, plerumque non inflatis, suturis valde obliquis aut magis transversis. Valde varians segmentis interdum inflatis, a Polymorph. ancipite Phil. et complanata d'Orb. difficulter distincta: in Polym. lacteam sæpe mergens.

Figg. 539—544: formæ variæ e mari Norvegico.
Figg. 545—546: e sinu Codano.
Figg. 547—549: e mari Norvegico.
Figg. 550—551: e mari Spetsbergico.
Figg. 552—553: e mari Atlantico extra Azores insulas.

Polym. compressa d'Orb., 1846, Bass. tert. Vienne, p. 233, t. 12, ff. 32—34 (valde elongata).
 ? Polym. tuberosa d'Orb., 1826, Tab. meth., Ann. Sc. Nat. 7, p. 265, No. 6.
 Polym. lactea Will., 1858, Brit. Rec. For., p. 79, t. 6, ff. 145—146.
 ? Polym. racemosa Terq., 1886, For. etc. d. l'Islande, Bull. Soc. Zool. Fr. 1886, p. 335, t. 11, f. 22.
 Polym. pygmæa Schw., 1863, Jurass. Sch., Wurtemberg natwiss. Jahrb. 21, p. 138, t. 7, f. 8.
  lactea var. compressa Park. & Jones, 1865, North Atl. & Arct. Oc., Phil. Transact. 155, p. 361,
   t. 13, ff. 47, 49, 54.
  compressa Brady, Park., Jones, 1870, Gens Polymorph., Trans. Lin. Soc. 27, p. 227, t. 10, f. 12 a—f
   Brady, 1884, Chall. Rep. 9, p. 565, t. 72, ff. 9—11.
  lingva Roem., 1858, Nordd. tert. Meeress., Leonh. & Bronn Jhb., p. 385, t. 3, f. 25.
 Globul. discorta, Guttul. robusta Rss., 1864, Obendigoran. Wien. Ak. Sitz. Ber. 50, pp. 468, 470, t. 3,
  ff. 3, 5—7.
 Polym. sacculus, incavata Stache, 1865, Novara Reise geol. Th. 1, 2, p. 259, 260, t. 24, ff. 6—7.
 ? Guttulina olliptica Reuss, 1845, Bohm. Kreidef. 2, p. 110, t. 24, f. 55.
 Polym. Schwageri Karr., 1877, Hochquell. Wasserlei. Abh. geol. Reichsanst. Österr. 9, p. 384, t. 16, f. 43.
 Polym. Zeuschneri Rss., 1867, Steinsalzablag. Wieliczka, Wien. Ak. Sitz. Ber. 55, p. 90, t. 4, f. 1.
  compressa Brady, Park. & Jones, Crag. For. 19, t. 1, ff. 54, 65, 77 (segmentis transversis).
  subrombica Rss., 1861, Grünsand Newjersey, Wien. Ak. Sitz. Ber. 44, p. 339, t. 7, f. 3 (latior).
  insignis Phil., Reuss, 1855, Tert. Sch. nordl. u. mittl. Deutschl., Wien. Ak. Sitz. Ber. 18, p. 248,
   t. 7, ff. 74—76.
  dispar Stache, 1865, Nov. Reise geol. Th. 1, 2, p. 261, t. 24, f. 8 (lata).
  Humboldti Bornem., 1855, Septar. Thon. Hermsd., Zeitschr. deutsch. geol. Gesellsch. 7, p. 347, t. 18,
   ff. 7—8 (lata).

Ab his non sat distincta:
Polym. Burdigalensis d'Orb. 1826, Tab. méth. Ann. Sc. nat. 7, p. 265, No. 2, Mod. 29.
  Brady, Park. & Jones, 1870, Transact. Lin. Soc. 27, p. 224, t. 39, f. 9.

* aulostoma:
Polym. lactea v. **fistulosa** Will., 1858, Rec. For. Gr. Brit., p. 72, t. 6, f. 150.
  Orbignii (ex parte) Brady, Park. & Jones, 1870, Gen. Polymorph., Trans. Lin. Soc. 27, p. 211, t. 42, f. 38 d.

Hab. in sinubus Bahusiæ et Norvegiæ, nec non Spetsbergiæ profund. metr. 50—180 passim.

P. Thouini d'Orb.
Tab. X, figg. 557—558.

Fusiformis, compressa aut subcompressa, segmentis apparentibus 5—10, irregulariter alternantibus, suturis plus minusve oblique dispositis.

Polym. Thouini d'Orb., 1826, Tab. méth. Ann. Sc. nat. 7, p. 265, No. 8, Mod. 23 (anguste subcylindrica segmentis paucis).
  Brady, Park. & Jones, 1870, Genus Polymorphina, Trans. Lin. Soc. 27, p. 232, t. 40, f. 17
  Brady, 1884, Chall. Rep. 9, p. 567, t. 72, f. 18.

Hab. ad oras Nowaja Semlja profund. metr. 26 rara (Tullb. et Stenberg). Long. mm. 2,45.

APPENDIX.
P. irregularis d'Orb.
Tab. X, figg. 554—556.

Ovalis aut subfusiformis, segmentis irregulariter dispositis, inflatis, externe apparentibus 4—7—8, plus minusve striatis; a P. lactea v. problemate nisi striis non diversa. Fig. 554: summa deorsum versa.

Polymorph. irregularis d'Orb., 1839, For. Cuba, p. 137, t. 2, ff. 12—13.
P. rogina Brady, Park., Jones, 1870, Genus Polymorph.; Transact. Lin. Soc. 27, p. 241, t. 41, f. 32; Brady, 1884, Chall. Rep. 9, p. 571, t. 75, ff. 11—13.
P. semicostata Marss., 1877, Rügen. Schreibkr., Greifswald. Mittheil. nat. Verein d. Vorpommern, 1877—78, p. 150, t. 2, f. 19.
? **P. australis** (d'Orb.) Brady, Park., Jones, 1870, Genus Polymorph., Trans. Lin. Soc. 27, p. 239, t. 41, f. 27.

Hab. ad Azores ins. profund. metr. 100 rara (Smitt & Lungman).

NODOSARINA (Lamck.) Park. & Jones.

* Cristellaria d'Orb.
C. rotulata Lmk.
Tab. X, figg. 559—578.

Helicostegica, nautiloidea, lenticularis, marginata, carinata aut carinato-alata, nunc umbonata, nunc umbonibus distinctis destituta. Nomen "cultrata" est ineptum, quia forma fere quaeque suam formam alatam sive cultratam habet. Forma compressa plerumque "cultrata" saepeque magis polystegica, in Crist. reniformem d'Orb. transiens.

Multitudine nominum gravata.

Figg. 559—562: exempla minuta e mari Azorico; in articulatum v. Reuss vergentia.

Figg. 563—564: exemplum magis polystegicum e freto Koster insularum profund. metr. 150.

Figg. 565—566: anguste carinata (inornata, austriaca d'Orb.) e mari Azorico, profund. metr. 230—500.

Figg. 567—568: valida, umbone applanato (Beyrichi Bornemann, declivis Rss.) e mari Spetsbergico profund. metr. 400.

Figg. 569—570: e Skagerrack profund. metr. 270, carinato-"cultrata".

Figg. 571—572: e mari Azorico, profund. metr. 500, cultrata (Rob. canariensis d'Orb.)

Figg. 573—574: elatior; cultrata, e mari Caraibico profund. metr. 540.

Figg. 575—576: magis compressa, cultrata, ad C. Josephinæ Mariæ d'Orb. tendens, e mari Norvegico profund. metr. 350.

Figg. 577—578: compressa, cultrata, magis polystegica; umbone reducto, e mari Azorico profund. metr. 300—500.

Lenticulites rotulata Lmk. (1804) 1827. Tab. Encycl. Méth. Vers., t. 466, f. 5.
Nodos. calcar. Goes, 1882, Ret. Rhizop. Carib. Sea: Sv. Vet. Akad. Handl. 19, 4, t. 3, ff. 55, 57—61 (cultrata et carinata).
Crist. rotulata Brady, 1884, Chall. Rep. 9, p. 547, t. 69, f. 13.

Hab. in freto Koster insularum non frequens, in sinu Skagerrack, in sinubus Norvegicis, in mari Spetsbergico, mari Azorico etc. Diam. usque ad mm. 1.25.

formæ affines:

1. lenticularis lævis, margine dentato-alato aut spinis paucis plus minusve elongatis instructo.

C. calcar Lin.

Nautilus calcar Lin. (ex parte), 1758. Syst. Nat. 10, p. 709.
Naut. calcar var. α, ϑ, χ, μ Ficht. & Moll. 1803, Test. microscop. pp. 71, 76, 79, t. 11, ff. a, b, c, t. 12. ff. i, k, t. 13. ff. c, d, h, i.
Robulina radiata, pulchella, lævigata, aculeata d'Orb., 1826, Tab. meth., Ann. Sc. nat. 7, p. 288, 289, No. 7, 8, 9, 14.
Rob. calcar d'Orb., 1846, Bass. tert. Vienne, p. 99, t. 4, ff. 18—20.
Crist. calcar Brady, 1884, For. Chall. Rep. 9, p. 551, t. 70, ff. 9—15.
Brady, Park., Jones, 1887, Abrolhos Bank, Trans. Zool. Soc. Lond. 12, 7, t. 44, f. 14.
Nodosarina calcar Goes, 1882, Ret. Rhizop. Carib. Sea. Sv. Vet. Akad. Handl. 19, 4, t. 3, ff. 54—56.

Hab. ad Koster insulas profund. metr. 100, rara atque minuta.

APPENDIX.

2. margine rotundato vel obtuso interdum obtuso-carinato, segmentis paullum inflatis, umbone sæpe vitreo; forma male distincta.

C. articulata Brady, Tab. X. figg. 579—582, ? 583—584.

Figg. 579—580: e mari Azorico profund. metr. 700.
Figg. 581—582: ex eodem mari profund. metr. 180; in typicam vergens.
Figg. 583—584: e mari boreali Atlantico profund. metr. 1750; minus typica (an Cr. gibbosa d'Orb., Cr. obliqua v. Hagen.).

Crist. articulata Brady, 1884, For. Chall. Rep. 9, p. 547, t. 69, ff. 10—12.
? Rob. articulata Rss., 1863, Sept. Thon. v. Offenbach, Wien. Ak. S.Ber. 18, p. 53, t. 5, f. 62; v. Schlicht, 1870, tab. 17, ff. 5—12 (carinata).

Hab. ad Azores profund. metr. 180—700 (Smitt & Ljungm.)

/ ° 3. valde inflata saepe crinata, segmentis paucis, forsan megasphaerica formae typicae.

C. crassa d'Orb., Tab. X, figg. 585—586.

Crist. crassa d'Orb., 1846, Bass. tert. Vienne, p. 90, t. 4, ff. 1—3.
Rob. deformis Rss., 1851, Sept. Thon. Berlin. Zeitschr. deutsch. geol. Gesellsch. 3, p. 70, t. 4, f. 30.
Crist. crassa Brady, 1884, For. Chall. Rep. 9, p. 549, t. 70, f. 1.

Hab. ad Azores profund. metr. 100—400 (Smitt & Ljungman.)

4. magis oblonga, interdum compressa et marginato-alata.

C. gibba d'Orb., Tab. X. figg. 587—592.

Figg. 587—588: fere typica (= C. unda, spectabilis v. Rss).
Figg. 589—590: elatior; Rob. latae Rss, Crist. reniformi d'Orb. C. Hantkeni Ruzenak proxima.
Figg. 591—592: valde alata; C. Josephinae-Mariae d'Orb., C. osnabrügensi v. Reuss propinqua.

Crist. gibba d'Orb., 1839, For. Cuba. p. 63, t. 7, ff. 20—21.
Crist. galeata v. Reuss, 1851, Septar. Thon. Berlin (ex parte), Zeitschr. deutsch. geol. Gesellsch. 3, p. 66, t. 4, f. 20.

Proxima sunt non sat distinctae:
Rob. princeps, Kubingii v. Hantk., 1875, For. Clav. Szab. Sch., p. 56, t. 6, ff. 7—8.
Crist. subcostata Rss, 1855, Tert. Schicht. nordd. u. mittl. Deutschl., Wien. Ak. Sitz. Ber. 18, p. 237, t. 3, f. 43 (limbata).
? Nautilina puteolana Costa, 1851, Pal. Nap. 2, t. 27, f. 28.
Crist. Hantkeni Ruzenak, 1885, Verh. Braun. Nat. Forsch. Vereins 24, p. 100, t. 1, f. 8.
Russeggeri, rostrata Reuss et aliae.
gibba Brady, 1884, Chall. Rep. 9, p. 546, t. 69, ff. 8—9.

Hab. mare Azoricum profund. metr. 1,400 (Smitt & Ljungm.); mare Spetsbergicum profund. metr. 450 (in C. rotulatam vergens).

C. variabilis v. Rss.
Tab. X, figg. 593—595.

Helico-stichostegica, plerumque compressa, carinata, apertura subtubulari; minuta.

Crist. variabilis v. Reuss, 1849, Neue For. Österr. Wien. Ak. Dkschr. 1. p. 369, t. 46, ff. 15—16 (non sat typica).
— peregrina Schwag., 1866, Novara Exped. geol. Th. 2, p. 245, t. 7, f. 89.
— variabilis Brady, 1884, For. Chall. Rep. 9, p. 544, t. 68, ff. 11—16.
— — Brady, Park., Jones, 1887, Abrolhos Bank, Trans. Zool. Soc. Lond. 12, 7, t. 44, f. 12.

Hab. mare Azoricum metr. 230, Smitt & Ljungm. Long. 0.70 mm.

C. crepidula Ficht. & Moll.
Tab. XI, figg. 596—613.

Segmentis juvenilibus helicostegicis aut subhelicostegicis, reliquis oblique stegostegicis; nunc obtuse marginata, nunc carinato-alata.

Figg. 596—611: formae variae e mari Azorico.
Figg. 612—613: e mari Atlantico boreali.

Naut. crepidula Ficht. & Moll. 1803, Test. microsc., p. 107, t. 19, ff. g—i.
Crist. Schlönbachi, crepidula Brady, 1884, For. Chall. Rep. 9, pp. 539, 542, t. 67, ff. 7, 17, 19, 20, t. 68, ff. 1—2.
— crepidula Wright, 1885, Chalk. Foram. Keady Hill, Proc. Belfast Nat. Field Club 1884—85, Append. t. 27, f. 4.
— — Balkw., Millett, 1884, For. Galway. Journ. micr. nat. Sc. 3, t. 4, f. 8.
— — Brady, Park., Jones, 1887, Abrolhos Bank, Trans. Zool. Soc. Lond. 12, 7, t. 44, ff. 8, 9.
— — Fornasini, 1890, Lagen. pliocen. Catanzarese; Mem. R. Accad. Sc. Instit. Bologna (4) 10, t. 1, ff. 31—33.

Synonymiam ceteram vide Goës Rhizop. Carib. Sea. Sv. Vet. Akad. Handl. 19, 4, p. 43. Formae aliquae inter Nod. legumen var. glabram et lituum, p. 35—36 potius ad Nod. crepidulam sunt adscribendae.

Valde varians, inter varietates diversas nulli fines delineari possunt.

Hab. mare Atlanticum boreale profund. metr. 1.750 rara; Spetsbergense metr. 180 rara; Azoricum metr. 530 sat frequens (Smitt, Ljungman).

formae affines:

1. leguminoides, tota fere stichostegica, interdum valde angustata.
A Marg. Webbiana d'Orb. (ex parte) vix distincta.

C. complanata v. Reuss, Tab. XI, figg. 616—622.

Figg. 616—620: formae "leguminis".
Figg. 621—622: in C. cymboideam d'Orb., C. nummuliticam Gümb., C. insolitam Schwag. vergens; omnes e mari Azorico profund. metr. 530.

C. complanata v. Reuss, 1846, Böhm. Kreideform. 1, p. 33, t. 13, f. 54.
? Crist. compressa d'Orb., 1846, Foss. tert. Vienne, p. 86, t. 3, ff. 32—33.
Crist. perobliqua, incurvata v. Reuss et permulta nomina alia.
Vagin. legumen Brady, 1884 (partim), Chall. Rep. 4, 66, f. 13.

Obs. Crist. compressa Brady, Chall. Rep. 9, t. 144, ff. 15—16 non exacte C. compressam d'Orb. exhibet, sed potius C. reniformem d'Orb.

Hab. mare Atlanticum boreale profund. metr. 1.400 rara; mare Azoricum, sat frequens.

2. carinata aut carinato-alata, stadio juvenili spinis duabus praedito marginalibus.

C. spinigera Brady, Tab. XI, ff. 614—615.
Vagin. spinigera Brady, 1884. Chall. Rep. 9. p. 531. t. 67, ff. 13—14.

Hab. mare Atlant. boreale profund. metr. 1150 rara (Jos. Landahl).

3. elongata, nunc recta nunc curvata, plus minusve complanata, interdum carinato-alata. A typica non sat distincta, aliquando ut varietas Crist. rotulata aptius collocanda videtur; sæpe megasphærica.

C. subarcuatula Montag, Tab. XI, figg. 630—637.

Figg. 630—631: exemplum e sinu Skagerack.
Figg. 632—633: e Söderfjord Norvegiæ, profund. metr. 450.
Figg. 634—635: e mari Atlantico boreali profund. metr. 530.
Figg. 636—637: e mari extra Azores insulas, profund. metr. 500 (Smitt & Ljungman).

Nautilus subarcuatulus Montag., 1808, Test. Brit. Supplem., p. 80, t. 19, f. 1 (fimbata, minuta).
Crist. subarcuatula var. Williams, 1858, Rec. For. Gr. Brit., t. 2, f. 62.
   calcar var. **marginulinoides** Park. & Jones, 1857, For. Coast Norway, An. Mag. Nat. Hist. (2) 19, p. 269, t. 10, f. 1.
Margin. lituus Park. & Jones, 1865, North. Atl. & Arct. Oc.: Phil. Transact. 155, p. 343, t. 13, f. 14.
Crist. obtusata var. subalata Brady, 1884, Chall. Rep. 9, p. 536, t. 66, ff. 24—25.
   elongata Brady, 1887, Synops. Brit. Rec. For., Journ. Microsc. Soc. 1887, p. 914. (a d'Orb. pro aliis formis usitata).

Obs. Crist. obtusata v. Reuss, 1870; v. Schlicht, Septar. Thon. Pietzpuhl, t. 11, ff. 16—18 ad seriem Cristellariarum tumidarum pertinet, a Crist. articulata v. Reuss et C. Hauerina d'Orb. descendentium.

Hab. Skagerack profund. metr. 100; sinus Norvegicos profund. metr. 90—450; mare Atlant. boreale profund. metr. 530 passim; procera.

APPENDIX.

1. elongata, plus minusve angustata, tumidiuscula, interdum compressa, nunc carinata, nunc margine obtuso aut rotundato, suturis sæpe sublimbatis; aliquando obsolete striolata. Stadium juvenile complete helichostegicum, quod a Crist. rotulata Lmk. vix discerni possit.

C. Sauleyi d'Orb., Tab. XI, figg. 623—629.

Figg. 623—627: formæ plus minusve compressæ.
Figg. 628—629: stadium juvenile, magis dilatatum.

Crist. Sauleyi d'Orb., 1839, For. Isles Canaries, p. 126, t. 3, ff. 7—9.

Huic maxime affinis:
Marginulina onsis v. Rss, 1846, Böhm. Kreideform. 1, p. 29, t. 12, ff. 13, t. 13, ff. 26—27 et aliæ.

Hab. mare Azoricum profund. metr. 530 (Smitt & Ljungman).

4. brevis, inflata, plerumque triquetra, oblique helicostegica, carinato-marginata, spira brevissima. Longitudo et amplitudo spirae valde varians; a Crist. italica DERG. difficillime limitanda.

C. navicula d'Orb., Tab. XI. figg. 638—640.

Figg. 638: facies lateralis.
Figg. 639: facies marginalis sive dorsalis.
Figg. 640: facies spiralis sive ventralis.

Crist. navicula d'Orb., 1839. Craie bl. Paris. Mém. Soc. géol. Fr. 4, p. 27, t. 2, ff. 19—20.
    triangularis d'Orb., ibid., p. 27, t. 2, ff. 21—22.
? **Naut. acutauricularis** F. & M., 1803. Test. micr., p. 102, t. 18, ff. g i (limbata).
Crist. arcuata d'Orb., 1846, Bass. tert. Vienne, p. 87, t. 3, ff. 34—36.
    italica d'Orb. (partim). Mod. 19.
    acutauricularis, latifrons Brady, 1884, For. Chall. Rep. 9, pp. 543, 544, t. 114, f. 17, t. 68, f. 19, t. 113, f. 11.

Hab. mare Azoricum metr. 530 (SMITT & LJUNGMAN).

5. lineolata aut subcostata, saepe seminuda, sublimbata, marginata, compressa aut tumidiuscula, Marginul. rugoso-striatae GÜMB. et Marg. tonsillari GÜMB. propinqua.

C. elegantissima Costa, Tab. XI. figg. 641—642.

Figg. 641, 641 b: facies lateralis.
Fig. 642: facies spiralis-marginalis.
Fig. 642 a: facies oralis.

Robulina elegantissima Costa, 1854. Pal. Napoli 2, p. 198, t. 19, f. 4 (minus compressa, sublimbata).
? **Crist. bicostata** Deecke, 1884. Abh. geol. Spec. Kart. Elsass-Lothringen 4, p. 49, t. 2, f. 13 (valde compressa, limbata).

Hab. mare Azoricum profund. metr. 530. Long. m. 1,68.

6. statura praecedentis, stadio maturo tereti aut subtrigono, costata aut striata, interdum carinata, apertura saepe protrusa. Margin. costatae BATSCH quam maxime propinqua, forsan microsphaerica ejusdem.

C. Bradyi Goës, Tab. XI. figg. 643—645 a.

Figg. 643, 645: facies lateralis.
Fig. 644: facies marginalis spiralis.
Fig. 645 a: facies oralis.

Marginulina costata Brady, 1884. Chall. Rep. 9, t. 65, f. 11.

Hab. mare Caraibicum profund. metr. 850, rara. Long. mm. 1—1,25.

** Vaginulina.

V. lævigata Roem.

Tab. XI, figg. 646—655.

Tota stichostegica, segmentis sæpe minus compressis, subteretibus aut stadio juvenili solum compresso, stadio maturo teretiusculo.

Formæ tenues fere teretes a Nod. communi d'Orb. sive inornata d'Orb. vix limitandæ. Conf. Goës, Ret. Rhizop. Carib. Sea, Sv. Vet. Akad. Handl. 19, 4, t. 2, ff. 22, 25 secundum Brady ad Nod. communem d'Orb. referendæ. Nodos. legumen v. Rss. Böhm. Kreidef. ad hanc formam subcompressam pertinet.

Figg. 646—647: exempla in Marg. glabram vergentia, e mari Caraibico, stadio juvenili (a) compressiusculo, stadio maturo (b) subtereti.

Fig. 648: pygmæa, in C. crepidulam vergens.

Figg. 649—650: formæ pygmææ, omnes e mari Caraibico profund. metr. 500.

Figg. 651—652: e mari Spetsbergico profund. metr. 1,600.

Fig. 653: e fretis Koster insularum profund. metr. 100.

Fig. 654: e mari extra Azores insulas profund. metr. 530.

Fig. 655: in sequentem vergens, ex eodem mari profund. metr. 180.

Vaginulina lævigata Roem., 1838, Norddeutsch. tert. Meeress; Leon. & Bronns Jhb. 1838, p. 383, t. 3, f. 11.
Nautilus legumen testa recta compressa articulata hinc marginata, siphone laterali. Lin., 1758, Syst. Nat. Ed. X, 1, p. 711 (etiam Vag. elegans d'Orb.).
Dental. legumen Williams, 1858, Rec. For. Gr. Brit., p. 22, t. 2, f. 45.
Vaginulina legumen Brady, 1884, Chall. Rep. 9, p. 530, t. 66, ff. 14—15.

Hab. ad Koster insulas profund. metr. 100, rara, pygmæa; mare Spetsbergicum profund. metr. 1,600; ad Azores insulas profund. metr. 500 (Smitt & Ljungman).

formæ affines:

1. tota teres aut subcompressa, angustata aut subinflata, suturis obliquis aut subtransversis. A typica nec a Marg. regulari d'Orb. nec a Nodos. Roemeri Neugeboren sat distinctæ:

V. glabra d'Orb. Tab. XI, figg. 656—661.

Fig. 656: e mari Atlantico extra Azores insulas; profund metr. 80—150; a: facies oralis.

Fig. 657: e sinu Bergensium Norvegicorum profund. metr. 100; a: facies oralis.

Fig. 658: e mari Bahusiæ extra Hållö insulam profund. metr. 45. Nod. Roemeri proxima.

Fig. 659: fere typica (= Margin. Bertheloti d'Orb.; Marg. subbullata v. Iken; Marg. bullata Rss etc.) e mari Azorico profund. metr. 220; a: facies oralis.

Figg. 660—661: angustior, eodem ex loco.

Marginulina glabra d'Orb., 1826, Tabl. Meth., Ann. Sc. Nat. 7, p. 259, No 6; Mod. 55.
Marg. Bertholetiana d'Orb., 1839, For. Îles Canaries, p. 125, t. 1, ff. 12—13.
   glabra Brady, 1884, Challeng. Rep. 9, p. 527, t. 65, ff. 5—6 (valde incrassata).
   Fornasini, 1890, Lagen. plioc. Catanzarese: Mem. R. Accad. Sc. Istit. Bologna (4) 10, t. 1, ff. 26—30.
? **Crist. irregularis** v. Hken, 1876, For. Clav. Szab. Schicht. (sep.), p. 50, t. 14, f. 3 (compressa).

Hab. mare Atlant. boreale profund. metr. 1,200; sinus Norvegiæ profund. metr. 100; mare Bahusiæ; mare Azoricum profund. metr. 150—500 (Smitt & Ljungman).

2. magis compressa nunc angustata nunc valde dilatata:

V. badenensis d'Orb. Tab. XII, figg. 662—663.

Fig. 662: e mari Atlantico boreali; *a*: facies oralis.
Fig. 663: minor, e sinu Bergensi Norvegiæ; *a*: margo.

Vaginulina badenensis d'Orb., 1846, For. Bass. tert. Vienne, p. 65, t. 3, ff. 6—8.
   Nägeli, 1856, For. Stichosteg. Lapugy, Wien. Akad. Dkschr. 12, 2, p. 98, t. 5, ff. 7—9.
? **Vag. marginata, caudata** d'Orb., 1826, Tabl. meth., Ann. Sc. Nat. 7, p. 258, N:is 7—8.
? **Vag. denudata** v. Reuss, 1862, Nordd. Hils u. Gault, Wien. Akad. S. Ber. 46, p. 45, t. 3, f. 4, et multa nomina alia.

Hab. mare Atlanticum boreale profund. metr. 1,740 haud frequens, long. mm. 4—5; ad Grip Norvegiæ (Lilljeborg); long. mm. 2—3.

V. linearis Montagu.
Tab. XII, fig. 664.

Subteres vel paullum compressa, segmentis lineatis aut costulatis; sæpe seminuda.

Nautilus linearis Montag., 1808, Test. Brit. Supplem., p. 87, t. 30, f. 9.
Dental. legumen var. **linearis** Williams., 1858, Rec. For. Gr. Brit., p. 22, t. 2, ff. 46—48.
Vaginulina linearis Brady, 1884, For. Chall. Rep. 9, p. 532, t. 67, ff. 11—12.
Synonym. ceteram vide Goës, l. c., p. 40.
A Nod. obliqua Lin. interdum difficillime distingvenda.

Hab. Skagerack præsertim ad Koster insulas metr. 50—180 passim. Long. mm. 5.

formæ affines:

1. plus minusve costata, paullum aut vix compressa, suturis sæpe impressis. Inter Marg. costatam Batsch et V. linearem Montag. medium tenens a neutra certe limitanda, veris notis differentialibus destituta:

V. striatocostata v. Reuss. Tab. XII, fig. 665.

Fig. 665: facies lateralis et marginalis; *a*: facies oralis; e mari Caraibico.

Marginulina striatocostata v. Reuss, Nordd. Hils u. Gault, Wien. Ak. Sitz. Ber. 46, p. 62, t. 6, f. 2 (pygmæa).
? **Vaginulina sulcata** Costa, 1855, Marna terz. Messina: Mem. Ac. Sc. Napol. 2, p. 145, t. 2, f. 17 (costis paucis).
Nodos. legumen var. **linearis** Goës, 1882, Retic. Rhizop. Carib. Sea; Sv. Vet. Akad. Handl. 19, 4, t. 2, f. 33.
Marginulina bononiensis Fornasini, 1883, For. plioc. Pontic. Savena; Boll. Soc. geol. Ital. 2, p. 187, t. 2, f. 7.

Hab. mare Caraibicum profund. metr. 500 rara (Goës).

2. sæpe valde incrassata, aliquando angustata, plerumque paullum compressa, costis paucis plus minusve elatis, interdum obliquatis. Forma angustata a typica haud multum diversa.

V. costata Batsch, Tab. XII. fig. 666.

Fig. 666: exemplum angustum, e mari Atlantico boreali; *a*: facies marginalis.

Nautilus costatus Batsch, 1791, Conchyl. Seesands, t. 1, f. 1.
Marginulina Raphanus d'Orb., 1826, Tab. Méth.; Ann. Sc. Nat. 7, p. 258, t. 10, ff. 7–8; Mod. 6.
Marginulina costata Brady, 1884, Chall. Rep. 9, p. 528, t. 65, ff. 10, 12–13.
Fornasini, 1893, For. Messin.; Mem. R. Accad. Sc. Istit. Bologna (5) 3, t. 2, f. 6.

Hab. mare Atlanticum boreale profund. metr. 1,710 rara (Jos. Landau.).

*** Nodosaria.

N. communis d'Orb.

In species male distinctas immerito divisa. Diversitas speciminum maxima fit: 1) magnitudine et constitutione segmenti embryonalis; quo maturius sive magis evolutum sit hoc segmentum, eo potius testa brevis segmentis paucis oritur; 2) segmentorum natura intumescendi maturorum, quorum suturæ constrictæ fiant; 3) incremento magnitudinis segmentorum plus minusve rapido; 4) septis inclinatis (obliquis) aut horizontaliter dispositis, nota tamen vacillans, septis segmentorum juvenilium obliquis, ceterisque transversis et vice versa interdum occurrentibus.

Ex quo formæ creantur maxime discrepantes, specifice tamen non distinctæ.

Ut species determinandi modum auctorum vitiosum perspicue videas, quasdam "species" modo eorum (id est notis vagantibus) describamus.

1. Nod. farcimen Sold. transversim septata, extenuata, sensim crassitudine increscens, suturis modice constrictis, segmentis subinflatis; (forma modice increscens).
2. Nod. Boueana d'Orb. transversim septata, extenuata fere linearis, suturis vix aut paullum constrictis, segmentis elongatis ovatis (forma lente increscens).
3. N. pauperata d'Orb. transversim septatata, crassior, brevior fere æqualis cylindrica, suturis segmentorum juvenilium non incisis, segmentorum suturis maturorum constrictis; (forma segmento embryonali majore, sensim increscens).
4. N. consobrina d'Orb. transversim septata, attenuata, præterea præcedenti similis.
5. N. consobrina var. emaciata Reuss longior, segmentis brevioribus magis numerosis.
6. N. plebeja Reuss transversim septata, cylindrica, partibus extremis ambabus plus minusve attenuatis, suturis non impressis (notæ eædem ac stadii juvenilis Nod. pauperatæ).

Sin vero notis talibus aliisque similibus utantur auctores, differentia vera limitesque specifici extinguuntur: progenies fit species a parentibus disjuncta, delineatio artificialis non naturalis creatur. Varietates N. communis d'Orb. nominibus diversis centies relatas ad formas paucas plus minusve distinctas referre facile possumus.

Forma typica: Tab. XII. figg. 667—671.

Septis obliquis, sensim increscens linearis (Nod. badenensis d'Orb.) aut crassa, plus minusve raptim increscens, camera primordiali majori (N. Roemeri Neugeb., obliquata Rss. obliqua d'Orb. et aliae, quae in Marginulinam glabram d'Orb. et Vag. legumen Lin. transeunt.

Figg. 667—668: e mari Azorico profund. metr. 530; *a*: facies oralis.
Fig. 669: e fretis Koster insularum profund. metr. 100.
Fig. 670: e mari Groenlandico profund. metr. 300—500.
Fig. 671: megasphaerica, e fretis Koster insularum profund. metr. 100.

Dontalina communis d'Orb., 1846, For. Craie bl. de Paris, Mem. Soc. geol. Fr. 4, p. 13, t. 1, f. 4.
    inornata d'Orb., 1846, Bass. tert. Vienne, p. 14, t. 1, ff. 50 51.
Nodosaria communis Brady, 1884, Challeng. Rep. 9, p. 504, t. 62, ff. 19—22.
    Goës, 1882, Ret. Rhizop. Carib. Sea: Sv. Vet. Akad. Handl. 19, 4, t. 1, f. 16, t. 2, ff. 22. 24 25 (paullum compressa).
    Fornasini, 1890, Lagen. plioc. Catanzarese: Mem. R. Accad. Sc. Istit. Bologna (4) 10, t. 1, ff. 14—18.

Hab. maria Groenlandica et Spetsbergica usque ad tropica rara.

formae affines:

1. nunc brevis, nunc elongata, septis horizontalibus, segmentis immaturis cylindricis, suturis obsolete aut haud incisis; segmentis maturis interdum plus minusve inflatis, ex quo accidit, ut formae occurrant segmento primordiali magno, quae segmenta omnia inflata habent, a N. soluta Rss vix distinctae; aliae breves, "Glandulinis" similes:

N. pauperata d'Orb., Tab. XII, figg. 672 688.
Fig. 672: Dental. acuminata v. Rss; e mari arctico profund. metr. 380—890.
Fig. 673: e mari Azorico profund. metr. 180.
Figg. 674—676: e mari Groenlandico profund. metr. 380—530.
Figg. 677 683: megasphaericae, ex eadem loco.
Fig. 684: procera, e mari Azorico profund. metr. 540.
Fig. 685: angustior (= N. consobrina v. emaciata Brady), e mari Caraibico profund. metr. 550.
Fig. 686: forma eadem, e mari Azorico profund. metr. 890.
Fig. 687: megasphaerica in N. solutam Rss transiens, N. farcimini Soldani, propinqua e mari Caraibico profund. metr. 500.
Fig. 688: in Nod. solutam Rss transiens, e mari Groenlandico profund. metr. 430.

Dontalina pauperata d'Orb., 1846, Bass. tert. Vienne, p. 46, t. 1, ff. 57—58.
Nod. laevigata Nilss., 1827, Petrif. Suecana, p. 8, t. 9, f. 20.
? **Naut. rectus** Montag., 1803, Test. brit., p. 197, Suppl. 1808, p. 82, t. 19, ff. 4—7.
Dental. annulata v. Rss, 1851, Kreidemerg Lemberg. Haid. Nat. Abh. 4, p. 26, t. 1, f. 13; v. Reuss, 1872, Geinitz' Elbthalgeb. in Sachsen, 2, p. 85, t. 20, ff. 19 20.
    Van den Broeck, 1876, For. Barbade: Ann. Soc. Belg. microscop. 2, t. 2, f. 2.
    Fornasini, 1889, For. mioc. San Rufillo: Boll. Soc. geol. Ital. 5, t. 1, ff. 10—13.

Dental. communis var. **pauperata** Park., Jones & Brady, 1866, For. Crag., Palæogr. Soc. 19, p. 58,
t. 1, f. 13—18, 20.
— communis, pauperata Sherb. & Chapm., 1886, For. Lond. clay; Journ. microsc. Soc. 1886,
p. 750, t. 15, ff. 5—6, 9.
Nod. consobrina Rss. 1870, For. Sept. Thon. v. Pietzpuhl; v. Schlicht, t. 9, ff. 2, 8; t. 10, ff. 1,
25—27.
— **acuticauda, vermiculum, bicuspidata, plobeja, Bötchori** Reuss, ibid. t. 8, f. 17; t. 9, ff. 10
—12, 14, 16, 23; t. 10, ff. 5—12.
Dental. Vernoulli d'Orb., 1846, Bass. tert. Vienne, p. 46, t. 1, ff. 57—58.
Nod. fustiformis, tauricornis Schwag., 1866, For. Kar.-Nicobar, Novara Reise; geol. Theil 2, p. 228,
t. 6, ff. 60—64 (forma procera).
— consobrina var. **emaciata** Rss, (1851), 1870, v. Schlicht, t. 8, f. 15.
Brady, 1884, Chall. Rep. 9, p. 502, t. 62, ff. 25—26.
Brady, ibid. p. 504, t. 62, ff. 23—24 (in sequentem transiens).
Fornasini, 1890, Lagen. pliocen. Catanzarese; Mem. R. Acc. Sc. Istit. Bologna (4) 10,
t. 1, f. 12.

Quia Dent. consobrina d'Orb. est forma valde indistincta (fig. 3 d'Orb. Bass. tert. Vienne, t. 2, f. 3, valde attenuata, a N. Boueana non distinguenda, et fig. 2 multo crassior a N. pauperata vix distincta). nomen "consobrinam" d'Orb. esse relinquendum censeo. Retinere nomen "consobrinam" longioribus et pauperatam brevioribus non est logicum et naturale.

Hab. mare Spetsbergense et Groenlandicum profund. metr. 180—500; mare Caraibicum passim. Long.
mm. 5—12.

2. extenuata sensim increscens, septis horizontalibus, cameris elongatis ovalibus, minus inflatis, aut subcylindricis. A N. ovicula d'Orb. vix nisi axi curvato distincta; N. farcimen Silv. est forma talis recta vel subrecta:

N. Boueana d'Orb., Tab. XII, fig. 689.

Dent. Boueana, guttifera d'Orb., 1846, For. Bass. tert. Vienne, pp. 47, 49 t. 2, ff. 4—6, 11—12.
— consobrina (ex parte) d'Orb., 1846, ibid. p. 46, t. 2, f. 3 (segmento primordiali majore, quare
testa magis æqualis, cylindrica oritur.
Nod. ovicula d'Orb. 1826, Tab. meth. An. Sc. Nat. 7, p. 252, No. 6.
? **Naut. subarcuatus** Montag., 1803, Test. Brit., p. 198, t. 6, f. 5.
Dent. peregrina Reuss, 1860, Crag. v. Antwerpen, Wien. Ak. S. Ber. 42. p. 356, t. 1, f. 6 (stadio
juvenili suturis vix incisis, ut in praecedente).
— **Lornoiana** d'Orb., 1839, Craie blanche Paris; Mém. Soc. géol. France 4, p. 14, t. 1, ff. 8—9.
— **monile** Cons., 1848, Nouv. foss. micr., Mém. Soc. géol. Fr. (2) 3, p. 250, t. 1, f. 18.
? **Nod. Costai** Schwag., 1866, For. Kar. Nicobar; Novara Reise, geol. Th. 2, p. 229, t. 6, f. 62.
? **Dent. elegans** d'Orb., 1846, Bass. tert. Vienne, p. 45, t. 1, ff. 52—56 (segmentis brevioribus).
Sherb. & Chapm., 1886, For. Lond. Clay, Journ. micr. soc. 1886, p. 750, t. 15, f. 7.
— **nepos, aduncu** Costa, 1855, For. Marna bl. Vaticano, Mem. Accad. Sc. Napol. 2, pp. 1, 17.
t. 1, ff. 1—2.
— subtilis v. Ilken, 1875, Cläv. Szab. Sch., p. 33, t. 3. f. 13.
Nod. gracilis v. Reuss 1845, Böhm. Kreidef. 1, p. 29, t. 8, f. 6.
Dont. trichostoma Rss, 1849, Neue For. Österr., Wien. Ak. Dkschr. 1. p. 367, t. 46, f. 6.
Nod. consobrina Rss, 1870, Sept. Th. Pietzp. v. Schlicht (partim) tab. 9, ff. 3, 22.
— **indifferens, Beningseni, approximata** Rss, ibid. t. 2, ff. 6, 7, 13.
— **farcimen** Silv., 1872, Monogr. Nodos. Atti Accad. Gioen. Sc. nat. (3) 7, p. 83, t. 10, ff. 229—242.
— **communis** Gors, 1882, Ret. Rhizop. Carib. Sea, Sv. Vet. Akad. Handl. 19, 4, t. 1, ff. 13—15.
— **filiformis** Brady (partim) 1884, For. Chall. Rep. 9, t. 63, ff. 3, 5.
Fornasini 1889, For. micr. San Rufillo; Boll. Soc. geol. Ital. 5, t. 1, f. 14.
Dental. communis d'Orb., 1826 (= N. farcimen Sold.), Tabl. meth. An. Sc. Nat. 7, p. 254, No.
35, segmentis paullo brevioribus paullum inflatis, ab hac varietate merito disjungi vix potest.

Formae paullo crassiores, suturis paullum constrictis, segmentis plus minusve inflatis, ad Nod. farcimen Rss. N. laxam Rss. Dent. distortam Costa etc. relatae, inter hanc et Nod. solutam Rss medium tenent.

Hab. mare Caraibicum profund. metr. 300—500 (Goës).

N. soluta v. Reuss.

Tab. XII. fig. 690.

Septis transversis, segmentis inflatis fere globularibus, suturis plus minusve coarctatis.

Fig. 690: e mari Atlant. boreali profund. metr. 1,400.

Dental. soluta v. Reuss, 1851, For. Sept. Thon. Berlin, Zeitschr. deutsch. geol. Gesellsch. 3, p. 60, t. 3, f. 4.
Nod. grandis 1865, For. dent. Sept. Thon., Wien, Ak. Dkschr. 25, p. 131, t. 1, ff. 26—28; Reuss 1870 in Schlichts tab. 8, ff. 13—14.
    capitata Rss. ibid. t. 8, f. 10.
    soluta Fornasini, 1890, Lag. pliocen. Catanzarese; Mem. R. Acc. Sc. Istit. Bologna (4) 10, f. 8.
    farcimen Brady, 1884, For. Chall. Rep. 9, t. 62, ff. 17—18, ab hac vix distincta.
    soluta Brady, ibid. p. 503, t. 62, ff. 13—16.

Hab. Atlanticum boreale et temperatum profund. metr. 1,400. Long. mm. 5—6.

N. obliqua Lin.

Tab. XII. figg. 691—696, Tab. XIII. figg. 697—699.

Plerumque transversim septata, nunc recta vel subrecta, nunc sepissime, curvata; segmentis maturis saepe inflatis, plus minusve laevibus, reliquis cylindricis, costatis vel lineatis, costis interdum interruptis et confluentibus.

Stadium juvenile costatum, maturum leve facit, ut forma obliqua ut typica et communis ut derivata jure majore sit habenda. Interdum subcompressa; etiam oblique septata.

Fig. 691: exemplum e mari Caraibico profund. metr. 500—600.

Fig. 692: exemplum e mari Atlantico boreali profund. metr. 1740. Dental. acutae d'Orb. proxima.

Figg. 693—694: e mari Azorico profund. metr. 178—980; 694 in "vertebralem" vergens.

Fig. 695: e Gullmaren, sinu Balusiae profund. metr. 70.

Fig. 696: e sinu Skagerack profund. metr. 80; in obliquatam Batsch. vergens.

Fig. 697 (t. XIII): in "vertebralem" transiens, e mari Caraibico profund. metr. 500—600.

Figg. 698—699: vertebralis Batsch., Brady; conica Silv.; ex eodem loco.

Nautilus obliquus testa recto-subarcuata, articulis oblique striatis Lin., 1758, Syst. Nat. Ed. X. p. 710 (an = Naut. obliquatus Batsch).
Dental. subarcuata var. **jugosa** (ex parte) Williams, 1858, Rec. For. Gr. Brit., p. 20, t. 2, f. 42.

Nod. obliqua BRADY, 1884, Chall. Rep. 9, p. 513, t. 64, ff. 20—22.
 " FORNASINI, 1892, Mem. Acc. Sc. Istit. Bologna (5) 2, ff. 1—7. Vide præterea GOËS, 1882, Rhizop. Carib. Sea, Sv. Vet. Ak. Handl. 19, 4, p. 32.

Obs. N. vertebralis (BATSCH) BRADY, Chall. Rep., p. 514, t. 64, ff. 11—14; GOËS, Rhizop. Carib. Sea, t. 1, f. 18, a N. obliqua non merito nomine speciali distingui potest.
Nota characteristica: septis crassis, quasi vitreis, non limbatis est minus stabilis quam quæ nomen distinctum legitimum faciat. Formæ sæpe occurrunt intermediæ inter *obliquam* typicam et illam. Crassitudo, altitudo et numerus costarum valde variantes. Sæpe recta a Nod. conica SILV. et N. Raphanistrum SILV. non distincta. Hæc est megasphærica illius forma.

Hab. ad oras Sveciæ rara metr. 30—120, Hardanger sinum Norveg. metr. 90—180 (NORMAN); mare Groenlandicum metr. 300—1,250, Spetsbergicum metr. 140, mare Atlant. boreale metr. 1,700 passim. Long. mm. 6—10.

forma affinis: seminuda septis transversis, stadio juvenili costato, aut lineato, ceterum lævis.

N. seminuda Rss, Tab. XIII, fig. 700.

Dental. seminuda 1849, Neue For. Österreichs; Wien. Ak. Dkschr. 1, p. 367, t. 46, f. 9 GOËS, Rhizop. Ret. Carib. Sea, Sv. Vet. Ak. Handl. 19, 4, p. 33, d) tab. 1, f. 17.

Hab. mare Caraibicum metr. 530. Long. mm. 18—22.

N. striolata GOËS.

Tab. XIII, fig. 701.

Tenue striata, suturis stadii juvenilis vix incisis, segmentis ceteris subglobularibus, inflatis.
Ad Nod. solutam Rss correspondens. GOËS, 1882, Ret. Rhizop. Carib. Sea; Sv. Vet. Ak. Handl. 19, 4, t. 1, f. 19.

Nod. soluta BRADY, 1884, Challeng. Rep. 9, t. 64, f. 28.
? **Dental. substriata** D'ORB., 1826, Tab. meth., An. Sc. Nat. 7, p. 255, No. 46.

Hab. ad Azores insulas metr. 200—600 (SMITT & LJUNGMAN); mare Caraibicum (GOËS).

N. lævigata D'ORB.

Tab. XIII, figg. 702—703, 706—707, 709.

Ovoidea, ovoideo-globosa, ovoideo-apiculata, aut elipsoidea, haud raro septis primis obliquis, quare forma marginulinoidea exstat ("Psecadium" REUSS).
Fig. 702: exemplum e Skagerack profund. metr. 240—890.
Fig. 703: "psecadi"formis ex eodem loco.
Fig. 706: var. inflata BORNEMANN, v. REUSS, obtusissima v. REUSS; e mari Spetsbergensi profund. metr. 1,300.
Fig. 707: var. elliptica v. REUSS; e freto Koster insularum profund. metr. 180.
Fig. 709: septis obliquatis, e mari spetsbergensi profund. metr. 2,500.

Nod. (Glandulina) lævigata D'Orb., 1826, Tab. méth., Ann. Sc. Nat. 7, p. 252, t. 10, ff. 1—3.
Glandul. globulus, inflata, lævigata, obtusissima, rotundata v. Reuss, 1870; v. Schlicht, For. Sept. Thon Pietzpuhl, t. 6, ff. 1—3, 10—13, 17.
Nodosaria lævigata, rotundata Brady, 1884, Challeng. Rep. 9, pp. 490- 491, t. 61, ff. 17—18, 20—22.

Hab. ad oras Sveciæ et Norvegiæ occidentales, nec non in mari Arctico profund. metr. 20 -2,500 haud rara.

forma affinis:

cylindrica aut obtuse fusiformis, plus minusve elongata, suturis aliquando plus minusve obliquatis, quare forma submarginulinoidea.

N. æqualis v. Reuss, Tab. XIII, figg. 704—705, 708, 710—711.

Fig. 704: pygmæa e Morup Sveciæ profund. metr. 18.
Fig. 705: pygmæa e mari Azorico, Marg. glabræ D'Orb. similis.
Fig. 708: subtypica e mari Atlantico boreali profund. metr. 500.
Fig. 710: e mari Spetsbergensi profund. metr. 2,500.
Fig. 711: marginulinæformis, paullum compressa, e mari Atlantico boreali profund. metr. 1,740; *a:* facies marginalis.

Glandulina lævigata v. Reuss, 1863, Septar. Thon Offenbach, Wien Akad. S. Ber. 48, t. 3, f. 28.
  var. **æqualis** v. Rss, 1870, v. Schlicht, Septar. Thon Pietzpuhl, t. 6, ff. 21 —22, 24.
Nod. lævigata var. **æqualis** Brady, 1884, Challeng. Rep. 9, p. 492, t. 61, f. 32.
Glandulina æqualis Fornasini, 1886; Gland. æqualis, Boll. Soc. geol. Ital. 5, t. 7, ff. 1 -12.

Hab. cum præcedente minus frequens.

N. calomorpha v. Rss.

Tab. XIII, figg. 712—713.

Segmentis plus minusve inflatis, ovalibus aut ellipticis magnitudine fere æqualibus, paucis.

Species valde indistincta a N. radicula aut potius N. pauperata immerito disjuncta, cujus forma megasphærica pygmæa esse videtur.

Rss, 1865, For. deutsch. Septar. Thon; Wien. Ak. Dkschr. 25, p. 129, t. 1, ff. 15—19; 1870, v. Schlicht tab. 7, ff. 1—3.
Nod. consobrina Park. & Jones, 1865, N. Atl. and Arct. Oc., Phil. Trans. 155, p. 342, t. 16, f. 3.
  calomorpha Brady, 1884, For. Chall. Rep. 9, p. 497, t. 61, ff. 23—27.
  pusilla Fornasini, 1890, Lagen. plioccn. Catanzarese, Mem. R. Accad. Sc. Istitut. Bologna (4) 10, t. 1, ff. 9—10.

Obs. Nod. geinitziana Neugb. eadem species ac N. radicula Lin. a Brady est facta; illa tamen a N. calomorpha Rss differentiam specificam vix nullam exhibet.

Hab. in Buckenfjord Norvegico paucas invenit Cel. Norman metr. 260—350, pygmæas, vitreas, long. mm. 0.23—0.33.

N. scalaris Batsch.

Tab. XIII, figg. 716—718.

Differentia inter N. scalarem et N. raphanum Lx. est multo minus distincta quam auctores vulgo concedant. Notæ characteristicæ scalaris: collum ore limbato productum, mucro segmenti embryonalis, segmenta testæ pauca ad summum VIII inflata non sunt sat validæ. Formæ in raphanum Lx. transeuntes sæpe occurrunt. Talis est Nod. raphanus Goës, Rhiz. Caribb. Sea; Sv. Vet. Akad. Handl. 19, 4, t. 1, f. 9—10; et aliæ segmentis minus inflatis, fere cylindricis aut prismaticis.

Fig. 716: e mari Germanico profund. metr. 180.
Figg. 717—718: e mari Azorico profund. metr. 200.

Nod. scalaris d'Orb. medium inter N. raphanum et N. scalarem Batsch tenet: conf. Silvestri l. c. t. 4, illa microsphærica hæc mesosphærica.

Nautilus Batsch, 1791, Conchyl. d. Seesand. t. 2, f. 4.
? **Nod. Soldanii** d'Orb. 1826, Tabl. méth., Ann. Sc. nat. 7, p. 254, No. 30; longicauda ibid. No. 28.
N. longicauda Silv., 1872, Fauna mier. terr. subappen. Ital.; Atti Accad. Gioen. Sc. nat. (3) 7, p. 58, t. 5, ff. 104—106.
N. scalaris Brady, 1884, For. Chall. Rep., p. 510, t. 63, ff. 28—31.
— Brady, Park., Jones, 1887, Abrolhos Bank, Trans. zool. Soc. Lond. 12, 7, p. 223, t. 44, f. 6.

Hab. mare Germanicum metr. 100—178; in sinu Hardanger norvegico metr. 90—180 juvenil Norman. Long. min. 0,50—1,50.

APPENDIX.

N. carinata d'Orb.

Tab. XIII, figg. 714—715.

Plus minusve compressa, stichostegica aut stadio juvenili helicostegico (Lingulinopsis Rss). Apertura plerumque rimæformis.

Fig. 714: forma Lingulinopsis, e mari Azorico profund. metr. 450; a: facies oralis.
Fig. 715: pygmæa eodem ex loco; a: facies oralis.

* typica lata:

Lingulina carinata d'Orb., 1826, Tabl. méth., Ann. Sc. nat. 7, p. 257, No. 1, Mod. 26.
Frond. major, intumescens Bornem., 1854, Liasform. Götting. p. 36, t. 3, ff. 19—21.
Ling. carinata Will., 1858, Rec. For. Gr. Brit., p. 14, t. 2, ff. 33—35.
Ling. ampullacea, polymorpha, mediterranea Costa, 1864, Microdorid. mediterranea 1, p. 45—47, t. 8, ff. 1—8.
Ling. decipiens Stache, 1865, Tert. Merg. Whaingaroa Haf; Novara Reise Geol. 1, p. 193, t. 22, f. 17 (valde abbreviata).
Ling. Makowskyiana Ruzenak. 1885, Verhandl. Brünn. Nat. Verein. 24, p. 97, t. 1, f. 7.
Vide præterea Goës, Ret. Rhizop. Caribb. Sea, Sv. Vet. Akad. Handl. 19, 4, p. 58.

** angusta:
Ling. carinata Brady, 1884, Chall. Rep., p. 517, t. 65, ff. 16-17.
   Sherborn & Bayley, 1890, Red. Chalk Foram., Journ. microsc. Soc., 1890, p. 558, t. 10, f. 3.
   Balkw., Millett, 1884, For. Galway, Journ. micr. Sc. 3, t. 1, f. 6.
Vide præterea Goës, Ret. Rhizop. Caribb. Sea, Sv. Vet. Akad. Handl. 19, 4, p. 44.

*** stadio juvenili helicostegico:
Marginulina carinata d'Orb., 1826, Tab. meth., An. Sc. nat., 7, p. 259, No. 8.
Lingulinopsis bohemica Rss., Fiés' model: No. 57.
   carlofortensis Bornem., 1884, Atti Soc. nat. Toscana 6, 1, p. 26, t. 4, ff. 1-7.

Hab. mare Azoricum, metr. profund. 500 (Smitt & Ljungman).

LAGENA Walk. & Boys.
L. lævis Walk. & Boys.
Tab. XIII, figg. 719-722.

Fere globosa, aut ovoidea aut elliptica, collo plus minusve producto, cetosolenica.
Fig. 719: globosa e mari Azorico profund. metr. 530; *a*: facies oralis.
Figg. 720—722: in variet. clavatam d'Orb. transiens; e mari Arctico.

Serpula lævis Walk. & Boys., 1784, Test. min., p. 3, t. 1, f. 9.
Lag. lævis Park. & Jones, 1857, For. Coast of Norway; A. M. Nat. Hist. (2) 19, p. 279, t. 11, f. 22.
Lag. vulgaris (typ.) Williams, 1858, Rec. For. Gr. Brit., p. 4, t. 1, fig. 5, 5 a.
Lag. vulgaris Rss., 1862, Lageniden, Wien. Ak. Sitz. Ber. 46, p. 321, t. 1, fig. 15; t. 2, ff. 16—17; 1870, v. Schlicht, For. Pietzpuhl, t. 2, ff. 3-8, 11.
Lag. sulcata var. **lævis** Park. & Jones, 1865, For. North Atl. and Arct. Oc., Phil. Transact. 155, p. 349, t. 13, f. 22, t. 16, f. 9 a.
Lag. antiqua Alcock, 1868, Life Hist. Foramf.; Mem. Manchest. Liter. & Philos. Soc. (3) 3, p. 176, t. 4, f. 3.
Lag. lævis Brady, 1884, Chall. Rep. Zool. 9, p. 455, t. 56, ff. 14-31.
Lag. bulbiformis Schwag., 1867, Die Zone Ammonit. Sowerbyi; Benekes Beiträge 1, 1868, p. 655, t. 34, f. 5 (apiculata).

Hab. Skagerrack profund. metr. 18—50; mare Groenlandicum et Spetsbergense profund. metr. 50—900 passim. Longg. mm. 0,60, rare ultra.

formæ affines:

1. Scabriuscula, hispido-aculeata, i. e. tubulis pseudopodialibus paullum porrectis plus minusve horrida.
Tab. XIII, fig. 723: exemplum e sinu Bukken Norvegiæ.

Lag. hispida Rss.
(1858) 1862 Lageniden; Wien. Ak. Sitz. Ber. 46, p. 335, t. 5, f. 66; t. 6, ff. 77-80.
Lag. oxystoma, hystrix Rss. ibid.
Lag. hispida Rss., 1870, v. Schlicht, For. Pietzpuhl, t. 3, ff. 26-27, t. 4, f. 4.
Lag. vulgaris var. **oxystoma** Sherborn & Chapman, 1886, Microz. Lond. Clay; Journ. Microsc. Soc. 1886, p. 744, t. 14, f. 15.
Lag. hispida Brady, 1884, For. Chall. Rep. p. 459, t. 57, ff. 1-4.
Lag. Jeffreysii (Brady) Wright, Proc. Belf. Nat. Field Club 1876-77, Append. t. 4, f. 15.

Hab. in sinu Bukken profund. metr. 270-350 (Rev. Norman); e mari Spetsbergensi profund. metr. 2.345; exigua, quasi arenosa.

2. Testa tuberculato-spinosa, aut verrucosa.

Lag. tuberculata Karr., Tab. XIII, fig. 724.
1870, Kreideform, Leitzdorf, Jhb. k. k. geol. Reichsanst. 20, p. 168, t. 10, f. 6, a.
L. aspera Brady, vix diversa; For. Chall. Rep. p. 457, t. 57, ff. 7—12.
? L. aspera Balkw. & Millet, 1884, Journ. micr. Sc. 13, t. 2, f. 4.

Hab. Azores, profund. metr. 530 (Smitt & Ljungman).

3. Clavata-lanciformis, interdum distoma.
L. clavata d'Orb., Tab. XIII, figg. 725—727.
Figg. 725—727: e mari arctico, in L. gracillimam Seg. transiens.

Oolina clavata d'Orb., 1846, For. Bass. tert. Vienne, p. 21, t. 1, ff. 2 3.
Amphorina elongata Costa, 1854, Pal. Nap. 2, p. 122, t. 11, f. 12.
L. vulgaris v. clavata Will., 1858, Rec. For. Gr. Brit., p. 5, t. 1, f. 6.
L. acicula Rss, 1860, For. Crag. v. Antwerp., Wien. Ak. S. Ber. 42, p. 355, t. 1, f. 1.
L. clavata Rss, 1862, Lageniden, Wien. Ak. S. Ber. 46, p. 320, t. 1, ff. 13—14.

Hab. Gullmaren Bahusiæ sinu metr. 70, Skagerak metr. 500, ad oras Groenlandiæ, Spetsbergiæ, metr. 40—200. Long. mm. 0,90.

4. Magis regulariter fusiformis, recta aut curvata, distoma; a praecedente male distincta.
L. gracillima Segc., Tab. XIII, figg. 728 730.
Figg. 728—730: exempla e mari arctico.

Amphorina Segc., 1862, For. monothal. mioc. Mess., p. 51, t. 1, f. 37.
Amphorina gracilis Costa, 1854, Pal. Nap. 2, p. 121, t. 11, f. 11.
L. sulcata var. distoma polita Park. & Jones, 1865, N. Atl. and Arct. Oc., Phil. Transact. 155, p. 357, t. 13, f. 21.
L. gracillima Park., Jones, Brady, 1866, Crag. For., Pal. Soc. 19, p. 15, t. 1, ff. 36—37.
L. vulgaris v. distoma-polita Rym., Jones, 1872, Java deep Sea Lagen, Lin. Soc. Trans. 30, p. 64, t. 19, f. 55.
L. gracillima Brady, 1884, For. Chall. Rep., p. 456, t. 56, ff. 19—28.

Hab. mare Spetsbergiæ metr. 900. Long. 0,50—1,50.

5. Magis cylindrica, distoma; interdum scabra, quasi arenacea; a praecedente non sat distincta.
L. elongata (Ehrenb.) Brady, Tab. XIII, fig. 731.
Fig. 731: e mari Groenlandico profund. metr. 40.

1884, For. Chall. Rep., p. 457, t. 56, f. 29.

Hab. mare Groenland. & Spetsberg. cum praecedente profund. metr. 40—2,300. Long. mm. 0,60 1.

L. striata d'Orb.
Tab. XIII, figg. 732–736.

Typi habitu, costis aut lineis longitudinaliter ornata, collum saepe annulis vel lamina spirali praeditum; fundus interdum crenatus aut spinescens; aliquando bicamerata.
Figg. 732, 734—735: exempla e Gullmaren sinu Bahusiæ profund. metr. 35—100.
Fig. 733: forma bicamerata R. Jones, eodem ex loco.
Fig. 736: costata (V. perlucidum Montag), e mari Azorico profund. metr. 530.

* striata.

Oolina striata d'Orb., 1839, Voy. Amer. mer., p. 21, t. 5, f. 12.
Ool. Haidingeri Czjz., 1847, For. Wiener. Beck.; Haid. nat. Wiss. Abh. 2, p. 138, t. 12, ff. 1—2.
L. vulgaris v. **substriata** Will., 1858, Rec. For. Gr. Brit., p. 7, f. 14.
L. striata, gracilicosta (tubulifera, Haidingeri) Rss, 1862, Lagenid., Wien. Ak. S. Ber. 46, p. 326—327, t. 3, ff. 41—45; t. 4, ff. 46—47; 1863, Crag. d'Anvers; Bull. Ac. Belg. (2) 15, p. 142, t. 1, ff. 10—11 (seminuda).
L. tenuistriata Stache, 1865, Tert. Mergel Whaingaroa Haf., Nov. Reise. geol. 1, p. 184, t. 22, f. 4.
> **L. grinzingensis** Karr., 1877, Hochquellen Wasserleit.; K. K. geol. Reichsanst. Abh. 9, p. 378, t. 16, f. 17.
L. striata Rss, 1870, Sept. Thon Pietzpuhl, Wien. Ak. S. Ber. 62, p. 467; v. Schlicht, t. 8, t. 1, ff. 7—11.
L. striata Brady, 1884, For. Chall. Rep. 9, p. 460, t. 57, ff. 19, 22, 24, 28.
L. striata Brady, Park. & Jones, 1887, For. Abrolhos Bank, Lond. Zool. Soc. Transact. 12, 7, p. 222, t. 44, f. 28.

** costata, a praecedente non distincta; interdum apiculata aut distoma.

Vermiculum pellucidum Montag., 1803, Test. Brit., p. 525, t. 14, f. 3.
L. perlucida, striata, interrupta (partim) Will., 1858, Rec. For. Gr. Brit., p. 5, 6, 7, ff. 8, 10, 11.
› **L. bifrons** Gumb., (1868) 1870, For. Nordalp. Eocän, Munch. Akad. Wiss. 10, p. 607, t. 1, f. 9.
L. silicosta, amphora Rss, 1862, Lagenid., Wien. Ak. S. Ber. 46, p. 328, t. 4, ff. 50—51; 57, Crag d'Anvers: Bull. Ac. Belge (2) 15, p. 143, t. 1, f. 12.
L. sulcata Park., Jones, 1865, N. Atl. Arct. Oc., Phil. Trans. 155, t. 13, f. 26.
L. Lyellii (Segu. 1862) Brady, 1871, Brackish Water For., A. N. H. (4) 6, p. 292, t. 11, f. 7 (distoma?)
L. sulcata Wright, 1877, Belf. nat. Field Club, Proceed., 1876—77, Append., t. 4, f. 10.
L. sulcata Brady (partim), 1883, For. Chall. Rep., t. 57, ff. 23, 26; t. 58, ff. 1, 17.
L. sulcata v. **interrupta** ibid., t. 57, ff. 25, 27; t. 58, ff. 5—6.
Park., Jones, Brady, 1887, For. Abrolhos Bank, Trans. Lond. Zool. Soc. 12, 7, p. 222, t. 14, ff. 18, 22, 34.
Lag. Lyellii Balkw. & Millett, 1884, Journ. micr. & nat. Sc. 3, t. 2, f. 2.

Hab. ad oras Scandinaviæ metr. 50—350, passim. Long. mm. 0.40—0.80.

formæ affines:

1. forma typica aut claveformis, fundo striato aut costato.

L. semistriata Will. Tab. XIII, figg. 737.

L. striata v. **semistriata** Will., 1848, Monogr. Lagenid. Gr. Br.; A. N. H. (2) 1, p. 11, t. 1, ff. 9—10.

* fundo striato:

Oolina striaticollis d'Orb., 1839, For. Amer. mer., p. 21, t. 5, f. 14.
Ovulina tenuis (partim.), **lacryma** Bornemann, 1855, Sept. Thon v. Hermsdorf; Zeitschr. deut. geol. Gesellsch. 7, p. 317, t. 12, ff. 2—3.
Ool. punctata, striatula Egger, 1857, Misc. Ortenburg, Leonh. u. Bronns Jhb. 1856, p. 268, 269, t. 5, ff. 1—8.
L. vulgaris v. **perlucida** (partim) Will., 1858, Rec. For. Gr. Brit., p. 5, 6, t. 1, f. 7.
L. vulgaris v. **semistriata, tenuis** Rss, 1862, Lagenideen Wien. Ak. S. Ber. 46, pp. 322, 325, t. 2, ff. 18—21, t. 3, ff. 33—39; Rss, 1863, Crag d'Anvers, Bull. Ac. Belg. (2) 15, p. 141, t. 1, ff. 3—9; v. Schlicht, For. Pietzpuhl, t. 3, f. 12.
L. semilineata Wright, 1885, Proc. Belf. nat. Field Club, Append. 1885—86, p. 320, t. 26, f. 7.

** fundo costato:

L. vulgaris v. **semistriata** Will., Rec. For. Gr. Brit., p. 6, t. 1, f. 9.
L. sulcata v. **semistriata** Park. & Jones, 1865, N. Atl. und Arct. Oc. Phil. Trans. 155, t. 13, f. 23.
L. tenuis Rss, 1870, v. Schlicht, Foram. Pietzpuhl, t. 2, ff. 12—18, 23.
L. semistriata Brady, 1884, For. Chall. Rep., p. 465, t. 57, ff. 14, 16—17.
Wright, 1886, Proc. Belf. nat. Field Club Append. 1885—86, t. 26, f. 6.

Hab. Oceanum boreale rara, pygmæa, profund. metr. 1700; in Skagerack sinu profund. metr. 700 (Jos. Lindahl).

2. ellíptico-clavæformis aut lanciformis, striata vel costata var. L. clavatæ correspondens.

L. gracilis Will., Tab. XIII, fig. 738.
 L. vulgaris v. gracilis Will., 1858, Rep. For. Gr. Brit., p. 7, t. 1, ff. 12—13.
 Rss. 1862 (partim) Lagenid., Wien. Ak. S. Ber. 46, p. 334, t. 4, ff. 58 —61; t. 5, f. 62; 1870, For.
   Sept. Thon. Pietzp. Wien. Ak. S. Ber. 62, p. 167, v. Schacht, tab. 2, ff.
   19—20, 24—25.
 L. sulcata Park. & Jones (partim), 1865, N. Atl. & Arct. Oc. Phil. Trans. 155, p. 354, t. 16, f. 7.
 L. gracilis Brady, 1884, For. Chall. Rep., p. 464, t. 58, ff. 2, 3, 7 10, 22 —24 (alato-costata).

Hab. Skagerack metr. 530—890 (Theel. Bovallius); mare glaciale Spetsb. metr. 1,790. Long. mm.
0,25—0,50.

3. fusiformis, distoma, tenuissime, interdum obsolete striata.

L. distoma (Park. & Jones) Brady. Tab. XIII, figg. 739—740.
 1864, Rhiz. Shetland., Trans. Lin. Soc. 24, p. 467, t. 48, f. 6.
 > L. lævis v. striata Park. & Jones, 1857, For. Coast of Norway, A. N. H. (2) 19, p. 279, t. 11, f. 21.
 L. sulcata v. distoma Park. & Jones, 1865, N. Atl. & Arct. Oc., Phil. Trans. 155, p. 356, t. 15, f. 20.

Hab. Skagerack metr. 60; mare arct. Spetsbergiæ & Groenlandiæ metr. 350—1,700. Long. mm. 0,50—2,00.

L. Hertwigiana.

Plerumque pyriformis, sub-lævis, collo plerumque brevi, testa interne lacunosa, lacunis singulis ostio poriformi exeuntibus; ostia interdum in series disposita.

Lag. hertwigiana Brady, 1884, Chall. Rep. Zool. 9, p. 470, t. 58, f. 36.

Hab. in Bukken sinu Norvegico profund. metr. 156—260, specimina pauca emaciata collegit Rev. Norman.

L. globosa Walk. & Jac.
Tab. XIII, fig. 741.

Globosa, ovo-pyriformis aut elliptica, interdum anguste ovalis fere cylindrica; collo retracto (= Entosolenia) aut valde abbreviato, fundo interdum valde spinoso.

Forma ovalis (= Miliola ovum Ehrenb, Microgeol. t. 27, f. 1 &c; Lag. ovum Brady, For. Chall. Rep., t. 56, f. 5) non sat distincta.

Serpula globosa Walk. & Boys, 1784, Test. micr., p. 3, t. 1, f. 8.
Oolina inornata d'Orb., 1839, For. Amer. mérid., p. 21, t. 5, f. 13.
Lag. inornata Rss., 1862, Lagenid., Wien. Ak. S. Ber. 46, p. 320, t. 1, f. 12.
Cenchridium oliva Ehrenb., 1854, Microgeol., t. 24, ff. 3 4 (ovalis).
Lag. perovalis Grun., 1868, For. Nordalp. Eocan, Münch. Ak. Wiss. Abh. 10, 2, p. 606, t. 1, f. 7 (ovalis).
L. ovum Marss., 1878, Schreibkreide Rügen; Mittheil. Greifswald. Nat. Verein 1878, 10, p. 120, t. 1, f. 1 (ovalis).
Phialina oviformis Costa, 1854, Pal. Nap. 2, p. 123, t. 11, ff. 8 9.
Entosolenia globosa Will., 1858, Rec. For. Gr. Brit., p. 8, t. 1, ff. 15—16.
Ool. simplex Rss., 1850, Kreidemerg. Lemberg; Haid. Nat. Wiss. Abh. 4, p. 22, t. 1, f. 2.
L. globosa Rss., 1862, Lagenid., Wien. Ak. S. Ber. 46, p. 318, t. 1, ff. 1—2; 1863, Crag d'Anvers, Bull. Ac.
   Belge (2) 15, p. 143, t. 1, ff. 13—14.

L. sulcata v. globosa Park. & Jones, 1865. N. Atl. & Arct. Oc., Phil. Trans. 155, p. 348, t. 13, f. 37; t. 16, f. 10.
L. globosa Rss. 1870, For. Sept. Thon. Pietzpuhl; Wien. Ak. S. Ber. 62, p. 465–66; v. Schlicht, tab. 1, ff. 5–10.
Brady, 1884, For. Chall. Rep. 9, p. 452, t. 56, ff. 1–4 (fig. 1 fere ovalis).
Sherb. & Chapman, 1886, London Clay; Journ. Micr. Soc. 1886, p. 8, t. 14, f. 11; Red Chalk of Yorkshire etc. ibidem 1890, p. 555, t. 9, ff. 2, 4.

Hab. mare glaciale Spetsbergense metr. 1.250–2.400 non frequens. Long. mm. 0,50–1.

APPENDIX.

var. hispida:
? **Lag. hystrix** Rss. (1858) 1862, Lagenid., Wien. Ak. S. Ber. 46, p. 335, t. 6, f. 80.
v. Schlicht, Septar. Thon. Pietzpuhl, t. 3, f. 28.
Ool. salentina Costa, 1854, Pal. Nap. 2, p. 118, t. 11, ff. 13–14.
Lag. hispida Wright. 1877, Rev. For. Down & Antrim; Proc. Belfast nat. Field Club 1876–77, Append. t. 4, f. 7.
L. aspera Rss. 1861, Kreideuff v. Maastrich, Wien. Ak. S. Ber. 44, p. 305, t. 1, f. 5.
L. aspera, rudis Rss, 1862, Lagenid., Wien. Ak. S. Ber. 46, p. 335, 336, t. 6, ff. 81, 82.
Reuss, Crag d'Anvers, 1863, Bull. Ac. Belge (2) 15, p. 145, t. 1, f. 17.
L. Parkeriana Brady, 1876, Carb. & Perm. For., Pal. Soc. 30, p. 120, t. 8, ff. 1–5.
Entosolenia rudis Mobr. 1880, Mauritius, p. 90, t. 8, f. 10.
? **L. vulgaris ampulla distoma** Rym., Jones, 1872, Java Deep Sea Lagen., Trans. Lin. Soc. 30, p. 63, t. 19, f. 52.
? **L. ampulla distoma** Brady, 1884, For. Chall. Rep. 9, t. 57, f. 5.

L. sulcata Walk. & Boys.
Tab. XIII, figg. 742–744.

Globosa aut oviformis nunc striolata nunc costata, plerumque entosolenica aut collo brevi, fundo aliquando perforato aut area circulari laevi instructo.
Fig. 742: L. lineata Williams, e mari Groenlandico; a: facies oralis.
Fig. 743: sulcata auctorum, e mari arctico; a, b: facies orales duae.
Fig. 744: minor, e Gullmaren sinu Bahusiae; a: facies oralis.

striolata:
Entosolenia globosa var. **lineata** Williams, 1858, Rec. For. Gr. Brit. p. 9, t. 1, f. 17.
L. lineata Rss. 1862, Lagenid., Wien. Ak. S. Ber. 46, p. 328, t. 4, f. 48.
Brady, 1884, For. Chall. Rep., p. 461, t. 57, f. 13.
? **L. striata** (partim) Brady, ibid. t. 57, f. 30.
Miliol. striata Ehrenb., 1854, Microgeol., t. 24, f. 5.
Entosolenia costata Will. 1858, Rec. For. Gr. Brit. p. 9, t. 1, f. 18.
L. costata Rss. 1862, Lagen., Wien. Ak. Sitz. Ber. 46, p. 329, t. 4, f. 54.
L. Villardebouna Rss. 1863, Crag d'Anvers, Bull. Ac. Belg. (2) 15, p. 144, t. 1, f. 15.
Capitollina multistriata Mansson, 1878, Rugen. Schreibkr.; Greifswald. Nat. Verein. Mittheil. 1878, p. 123, t. 1, f. 3.
Lag. costata Wright. 1877, Rev. For. Down & Antrim. Proc. Belfast nat. Field Club 1876–77, Append. t. 4, f. 12.

** sulcata:
Vermiculum sulcatum Walk. & Boys, 1784, Test. min., p. 2, t. 1, f. 6.
L. costata Balkw. & Wright, 1885, Rev. Dublin For.; Trans. R. Ir. Ac. Sr. 28, p. 338, t. 14, ff. 3–5.
O. Villardebouna, Isabellae, raricosta d'Orb., 1839, Voy. Am. mérid. t. 5, ff. 4–5, 7–8, 10–11.

L. Villardeboana, Isabellæ Rss. 1862, Lagenid., Wien. Ak. S. Ber. 46, p. 329, t. 4, ff. 53, 55—56; v. Schlicht, t. 3, f. 19.
L. mucronulata Rss, ibid., p. 329, t. 4, f. 52; Rss, 1870, v. Schlichts tab. 3, f. 24.
Ovul. elegantissima Bornem., 1855, Sept. Thon. Hermsdorf; Zeitschr. deutsch. geol. Gesellsch. 7, p. 316, t. 12, f. 1.
L. sulcata Park. & Jones, 1865, N. Atl. & Arct. Oc., Phil. Trans. 155, p. 351, t. 13, ff. 28—30.
Brady, 1884, For. Chall. Rep., p. 462, t. 57, ff. 33—34.
Sherborn & Chapman, 1886, London Clay, Journ. Micr. Soc. 1886, p. 745, t. 14, f. 18.
L. acuticosta, subalata Rss. 1861, Kreidetuff Maastricht; Wien. Ak. S. Ber. 44, p. 305, t. 1, f. 4; 1863, Lagenid., Wien. Ak. S. Ber. 46, p. 331, t. 5, f. 63.
Reuss, 1870, Sept. Thon, Pietzpuhl, Wien. Ak. S. Ber. 62, p. 467, v. Schlichts, tab. 3, f. 25.
Brady, 1884, For. Chall. Rep., p. 464, t. 57, ff. 31—32.
Brady, Park., Jones, 1887, For. Abrolhos Bank, Trans. Zool. Soc. 12, p. 222, t. 44, ff. 26, 31.
L. costifera Terquem, 1886, For. et Ostrac. de Helmut, Bull. Soc. Zool. France, 1886, p. 336, t. 11, ff. 3, 4.

Hab. Skagerack, mare glaciale metr. 50—1,800 passim. Long. mm. 0.40—0.70.

Formæ affines:

1. sulcata, basi colli areolata sive reticulata. Forma inter præcedentem et sequentem; a quibus vix discernenda.

   L. Williamsoni Alcock, 1865.
   Balkw. & Wright, 1885, Rec. Dubl. For., Proc. R. Irish. Ac. Sc. 28, p. 339, t. 14, ff. 6—8.
   Wright, 1877, Rec. For. Down & Antrim; Procced. Belfast nat. Field Club 1876—77, Append. t. 4, f. 14.

   Hab. ad Spetsbergiam metr. 180; in Stoksund metr. 150—180 reperit Rev. Norman; habitus et magnitudo præcedentis.

2. globosa aut pyriformis, sulcata, irregulariter areolata, areolis squamiformibus, aut costis transversis, rectis vel curvatis, magis regulariter areolata; areolis magnitudine valde variantibus.
   Aliquando seminuda, aut costis transversis dimidia parte destituta.

   L. squamosa Montag. Tab. XIII. 745.
   Fig. 745; e mari Spetsbergico profund. metr. 180; a; facies oralis.

   Vermiculum squamosum Montag, 1803, Test. Brit., p. 526, t. 14, f. 2.
   ? **Entosolenia squamosa** Williams, 1858, Rec. Brit. For., p. 12, f. 29 (areolis fere hexagonis, a sequenti male distincta).
   Oolina melo d'Orb., 1839, Voy. Amér. mérid., p. 20, t. 5, f. 9.
   Lag. globosa var. **catenulata** Park. & Jones, 1857, For. Coast of Norway; A. N. H. (2) 19, p. 278, t. 11, f. 26.
   Entosolenia squamosa v. **catenulata** Will., 1858, Rec. For. Gr. Brit., p. 13, t. 1, f. 31.
   L. catenulata Rss, 1862, Lagenid. Wien. Ak. S. Ber. 46, p. 332, t. 6, ff. 75—76.
   L. sulcata v. **melo** Park. & Jones, 1865, N. Atl. & Arct. Oc. Phil. Trans. 155, p. 353, t. 13, ff. 35—36.
   L. squamosa Brady, 1884, For. Chall. Rep. 9, p. 471, t. 58, ff. 28—31.
   L. melo Brady, Park. & Jones, 1888, For. Abrolhos Bank, Trans. Zool. Soc. London 12, 7, p. 222, t. 44, ff. 21, 24 (25, sulcato-semiareolata).

   Hab. Gullmaren sinum Bahusiæ metr. 150 (Wirén & Aurivillius), mare Spetsbergiæ metr. 180 inter varietatem præcedentem; Bukken Norvegiæ metr. 260—350 (Norman).

3. globosa aut ovoidea, areolis plus minusve distincte hexagonis, interdum in series dispositis, ornata; areolis magnitudine variantibus.
   Interdum seminuda.

L. hexagona Will., Tab. XIII. fig. 746.
Fig. 746: e Farsund Norwegiæ profund. metr. 60.

Entosolenia squamosa var. **hexagona** Will., Rec. For. Gr. Brit., p. 13, t. 1, f. 32.
Entosol. scalariformis Will., l. cit., p. 13, f. 30.
L. reticulata, scalariformis (partim), **favosa, geometrica** Rss. 1862, Lagenid., Wien. Ak. S. Ber. 46, ff. 333, 334, t. 5, ff. 67 –70, 72–73.
L. sulcata v. **squamosa** Park. & Jones, 1865, N. Atl. & Arct. Oc., Phil. Trans. 354, t. 13, ff. 40 –41, t. 16, f. 11.
L. hexagona Brady, 1884, For. Chall. Rep. 9, p. 472, t. 58, f. 33.
Balkwill & Millett, 1884, For. Galway: Journ. micr. Sc. 3, t. 1, f. 10.

Hab. ad oras Bahusiæ & Norwegiæ metr. 50–350 passim, inter L. sulcatam; inter minimas. Long. mm. 0,30 0,50.

L. apiculata Rss.
Tab. XIII. fig. 747.

Plus minusve anguste elliptica aut pyriformis sæpe apiculata, interdum subcylindrica. A L. globosa Walk. non sat distincta; nomen Reussi ineptum.

Fig. 747: exemplum e mari Spetsberg.; a: facies oralis; b, c: alia exempla eodem ex loco.

* non apiculata:

Oolina elipsoides Costa (ex parte), 1854, Pal. Nap. 2, t. 11, f. 25.
Cenchridium dactylus Ehrenb., 1854, Mikrogeol., t. 24, ff. 1 2.
Lag. Bittneri Karr., 1877, Hochquellen Wasserleit., Abh. K. K. geol. Reichsanst. 9, p. 378, t. 16, f. 18.
L. emaciata Rss. 1862, Lagen., Wien. Ak. S. Ber. 46, p. 319, t. 1, f. 9.
Sherb. & Chapm., 1890, Red Chalk of Yorksh., Journ. Micr. Soc. 1890, p. 555, t. 9, ff. 8, 12–13.

** apiculata:

Oolina apiculata Rss. 1850, Kreidemerg. Lemberg: Haid. Nat. Wiss. Abh. 4, p. 22, t. 1, f. 1.
L. apiculata Rss. 1862, Lagenid., Wien. Ak. S. Ber. 46, p. 318, t. 1, ff. 4–8, 10–11.
var. **elliptica** Rss. 1862, Nordd. Hils und Gault, Wien. Ak. S. Ber. 46, p. 35, t. 2, f. 2.
L. (Entosolenia) sulcata var. **apiculata** Park. & Jones, 1865, N. Atl. & Arct. Oc., Phil. Trans. 155, p. 358, t. 13, ff. 38–39.
Park., Jones, Brady, 1866, Crag. For. Pal. Soc. 19, p. 44, t. 1, f. 27.
Rss. 1870, For. Sept. Thon. Pietzpuhl Wien. Ak. S. Ber. 62, p. 466, v. Schlicht, t. 1, ff. 11–12, 14–18, 20, t. 2, f. 1.
v. Hantk., 1875, Clav. Szaboi Schicht (separ.), p. 22, t. 12, ff. 7 –9.
Brady, 1884, For. Chall. Rep., p. 453, t. 56, ff. 15 18.
Sherborn, Chapman, 1886, Lond. Clay., Journ. Micr. Soc. 1886, p. 744, t. 14, f. 14; Red. Chalk of Yorksh. ibid., 1890, p. 555, t. 9, ff. 6–7, 9–11.

Hab. mare Spetsbergense metr. 1,780 4,600 sat frequens. Long. mm. 0,30 66

formæ affines:
1. apiculata semistriata.

L. semiornata Terq., 1886, For. Ostrac. de l'Islande; Bull. Soc. Zool. France 1886, p. 339, t. 1, f. 2.

Hab. mare boreal. (Terquem.)

APPENDIX.

2. Anguste pyriformis aut ellipsoidea, sæpe apiculata, striata.

L. caudata d'Orb.
Oolina caudata d'Orb., 1839, For. Voy. amér. mérid., p. 19, t. 5, f. 6.
Lag. caudata Rss. 1862, Lagenid., Wien. Ak. S. Ber. 46, p. 325, t. 3, f. 29.

L. marginata Walk. & Boys.

Tab. XIII, figg. 748—751.

Sublenticularis, pyriformis aut ovalis, plus minusve compressa, sæpe marginata-carinata aut alata, apertura rimæformis; fundo interdum spinoso; aliquando trigona.
Figg. 748—751: facies lateralis.
Figg. a, a: facies oralis formarum ambarum.
Est Lag. globosa compressa, ab illa interdum difficillime distingvenda. Carina marginis nota non sat characteristica nec stabilis; fundo interdum subulato-crenato L. fimbriata Brady, Millett, For. Galway, Journ. microsc. Sc. 3, p. 82, t. 2, f. 5 (ala quasi duplicata) non carinata, haud multum compressa:

Fissurina lævigata Rss. 1849, Neue For. Österr. Tert. Beck., Wien. Ak. Denkschr. 1, p. 366, t. 46, f. 1; 1862, Lagenid., Wien. Ak. S. Ber. 46, p. 338, t. 6, f. 81; 1870, Sept. Thon, Pietzpuhl, Wien. Ak. S. Ber. 62, p. 470; v. Schlicht, t. 4, ff. 16—24.
Fiss. globosa Reuss, v. Schlicht, t. 5, ff. 4—6.
Fiss. globosa Bornem., 1855, Sept. Thon, Hermsdorf, Zeitschr. deutsch. geol. Gesellsch. 7, p. 317, t. 12, f. 4 (fere globosa).
Fiss. obtusa Egger, 1857, Mioc. Ortenburg; Leonh. & Bronns Jhb. 1857, p. 270, t. 5, ff. 16—19 (fere globosa).
Reuss, 1862, Lagenid., Wien. Ak. S. Ber. 46, p. 339—40, t. 5, ff. 1—6; t. 7, ff. 88, 92—93.
L. lævigata Brady, 1884, For. Chall. Rep. Zool. 9, p. 473, t. 114, f. 8.
Balkw. & Mill., 1884, For. Galway, Journ. Micr. Sc. 3, t. 2, f. 6 (valde elongata); t. 3, f. 6 (trigona).
L. faba Balkw. & Mill., ibid. t. 2, f. 10 (non sat distincta).

** plus minusve carinata:
Interdum plano- aut concavo convexa (= var. inæquilateralis Wright).

Serpula (Lagena) marginata Walk. & Boys, 1784, Test. min., p. 2, t. 1, f. 7.
Ool. compressa d'Orb., 1839, For. Amér. mérid., p. 18, t. 5, ff. 1—2.
? **Amygdalina calabra** Costa, 1854, Pal. Nap. 2, p. 120, t. 11, f. 7.
Fiss. alata Reuss, 1851, Sept. Thon, Hermsdorf, Ztschr. deutsch. geol. Gesellsch. 3, p. 58, t. 3, f. 4; 1870, Wien. Ak. S. Ber. 62, p. 469, v. Schlicht, t. 4, ff. 7—9, 13—15; t. 5, ff. 19—21.
Entosolenia marginata (partim) Will., 1858, Rec. For. Gr. Brit., p. 10, f. 21.
Fiss. carinata, alata Rss. 1862, Lagenid., Wien. Ak. S. Ber. 46, p. 338, 339, t. 6, f. 85; t. 7, ff. 86—87; v. Schlicht, t. 5, ff. 1—3.
Lag. sulcata var. **marginata** Park. & Jones, 1865, N. Atl. & Arct. Oc., Phil. Trans. 155, p. 355, t. 13, ff. 42—43 (44?); t. 16, f. 12.
Lag. marginata Wright, 1881, Rec. For. S. Donegal, Proc. Belf. nat. Field Cl. 1880—81, Append., t. 8, f. 4.

L. marginata Brady, 1884, For. Chall. Rep., p. 476, t. 59, ff. 21—23.
Brady, Park. & Jones, 1888, For. Abrolhos Bank; Trans. Zool. Soc. London 12, 7, p. 222, t. 44, ff. 27, 29, 30, 32.
L. marginata Balkw. & Mill., 1884, For. Galway, Journ. micr. Sc. 3, t. 3, f. 2.
   var. **inæquilateralis** Wright, 1885, For. Down & Antrim; Proc. Belf. nat. Field Club 1884
   —85, t. 26, f. 10.
L. trigono-elliptica Balkw. & Mill., 1884, For. Galway; Journ. micr. Sc. 3, p. 13, t. 3, f. 8 (trigona).

Hab. ad oras Bahusiæ profund. metr. 20—150 passim; in sinu Codano metr. 160; mare Spetsbergicum metr. 2,500. Diam. mm. 0,18 — 0,50.

formæ affines:
   1. carinata aut alata, carina triplicata; interdum umbonata (= var. **Walleriana** Wright, Rec. For. Ireland., Trans. R. Ir. Ac. Sc. (3) No, 4, p. 481, t. 20, f. 8).

L. orbignyana Sig.
Fissurina orbignyana Sig., 1862, For. monothal. Messina, p. 66, t. 2, ff. 25—26.
? **Ool. compressa** (Orb., 1846, Bass. tert. Vienne, p. 23, t. 21, ff. 1—2.
Entosolenia marginata (partim) Will., 1858, Rec. For. Gr. Brit., p. 110, ff. 19—20.
Lag. marginata Rss. 1862, Lageniden, Wien. Ak. S. Ber. 46, p. 222, t. 2, ff. 22—23.
? **Lag. tricincta** Gümb., 1868, For. Nordalp. Eocaen; Abh. Bay. Ak. Wissensch, 10, p. 606, t. 1, f. 8.
Fiss. carinata Rss., 1870, For. Sept. Thon. Pietzpuhl; Wien. Ak. S. Ber. 62, p. 469, v. Schlicht, t. 5, ff. 13—15.
Lag. carinata var. **orbignyana** Wright, 1881, For. S. Donegal, Proc. Belf. nat. Field Club 1880—81, Append., t. 4, f. 5.
Lag. orbignyana Brady, 1884, For. Chall. Rep. Zool. 9, p. 484, t. 59, ff. 1 (18?) 21—25 (26?)
   Balkw. & Millett, 1884, For. Galway, Journ. micr. Sc. 3, t. 3, f. 1.
Brady, Park. & Jones, 1888, For. Abrolhos Bank, Trans. Zool. Soc. London 12, 7, p. 222, t. 44, f. 20.

* forma tri- aut quadrigona:
Lag. trigono-marginata Park. & Jones, 1865, Phil. Trans. 155, t. 18, f. 1.
Wright, 1877, Rec. For. Down & Antrim; Proc. Belfast. nat. Field Club 1876—77, App. t. 4, f. 8.
L. trigono-orbignyana Balkw. & Millett, 1884, For. Galway, Journ. micr. Sc. 3, t. 3, f. 10.
L. quadrigono-orbignyana Balkw. & Millett, ibid., t. 4, f. 2.

   2. lenticularis, tricarinata, plus minusve regulariter costata aut semilineata; interdum trigona.

L. pulchella Brady
Brady, 1870, Brack. Water For. A. N. H. (4) 6, p. 294, t. 12, f. 1.
Balkw. & Wright, 1885, Dubl. Rec. Foramf. Trans. R. Ir. Ac. Sc. 28, p. 342, t. 12, f. 19 (trigona).
Balkw. & Millett, 1884, For. Galw., Journ. micr. Sc. 3, t. 2, ff. 4, 3, ibid., t. 3, f. 11 (trigona).

Hab. ad Sartorö, prope Bakken sinu Norvegiæ metr. 40—70, rara (Norman), pusilla, fere circularis, mm. 0,30.

APPENDIX

   3. ovalis aut elliptica, compressa aut subcompressa, interdum carinata, sæpe apiculata.
Entosol. marginata v. **quadrata** Williams, Rec. For. Gr. Brit., t. 1, f. 27, a Reuss merito ad hanc relata.
Aliquando trigona = **Lag. trigono-oblonga** Balkw. & Millett, Journ. microsc. & nat. Sc. 1884, 3, p. 13, t. 3, f. 4.

L. lucida WILL.
Entosolenia marginata v. lucida WILL., 1858, Rec. For. Gr. Brit., p. 10, f. 22.
L. lucida REUSS, 1862, Lagenid., Wien. Ak. S. Ber, 46, p. 324, t. 2, f. 25.
Fissurina acuta, oblonga, apiculata Rss. 1862, ibid., pp. 339 340, t. 6, f. 85; t. 7, ff. 89 91.
Lag. lucida BALKW. & MILLETT, 1884, For. Galway; Journ. micr. Sc. 3, t. 2, f. 7.

Specimina sub nomine Lag. bicarinata TERQ. a Cel. Domino Jos. WRIGHT benignissime mihi communicata, valde compressa, collo abbreviato, a Lag. lucida WILL. nisi carina duplicata non diversa.

Hab. ad oras Anglicas.

L. lagenoides WILL.
Tab. XIII, fig. 752.

Compressa, endo-ectosolenica, marginata-alata, ala tubulis transversis instructa; interdum nonc seriatim punctata, nunc striata; aliquando trigona.

A Lag. ornata WILL. nisi alis hujus lacunosis distinguenda.

Entosolenia marginata v. lagenoides WILL., 1858, Rec. For. Gr. Brit., p. 11, t. 1, ff. 25—26.
Lag. lagenoides Rss. 1862, Lagenid., Wien. Ak. S. Ber, 46, p. 329, t. 2, ff. 27 28.
BRADY, 1884, For. Chall. Rep. Zool. 9, p. 479, t. 60, ff. 6, 7, 9, 12—14.
BALKW. & WRIGHT, 1885, Rec. Dubl. For., Trans. R. Ir. Ac. Sc. 28, p. 341, t. 12, f. 22 (trifacialis).
BALKW. & MILLETT, 1884, For. Galway, Journ. micr. Sc. 3, t. 2, f. 11.

Hab. mare Spetsbergiæ metr. 1,900 rara. Long. 0.28 mm.

L. striatopunctata PARK. & JONES.
Tab. XIII, fig. 753.

Pyriformis, costata, costæ uni-biserialiter foveolatæ, nunc ecto-, nunc endosolenica aut endo-ectosolenica; collum interdum alatum.

Figg. 753, 753 a: e mari Spetsbergico profund. metr. 180.

L. sulcata var. striatopunctata PARK. & JONES, 1865, N. Atl. & Aret. Oc., Phil. Trans. 155, p. 350, t. 13, ff. 25—27.
L. foveolata Rss. 1862, Lagenid., Wien. Ak. S. Ber, 46, p. 332, t. 5, f. 65.
L. seriato-granulosa Rss., 1870, For. Sept. Thon. Pietzpuhl; Wien. Ak. S. Ber. 62, p. 468; v. SCHLICHT, tab. 36, f. 20.
L. striatopunctata BRADY, 1884, For. Chall. Rep. Zool. 9, p. 468, t. 58, f. 37 (10 var. torquata BRADY magis propinqua).
BALKW. & WRIGHT, 1885, Rec. Dubl. Foramf., Trans. R. Irish Ac. Sc. 28, p. 339, t. 14, f. 19.

Hab. mare Spetsbergicum metr. 180 rara. Long. mm. 0,46 0.50.

GLOBIGERINA D'ORB.
G. bulloides D'ORB.
Tab. XIV, figg. 754—762.

Subtrochoidea aut plano-convexa, anfractibus 2—3, segmentis anfr. ultimi 3—5, plerumque 4, plus minusve inflatis subglobosis; apertura umbilicali nunc vestibulum magnum subquadratum exhibente, nunc valde coarctata. Testa saepissime areolata, spinosa aut spinoso-squamosa, poris nunc magnis nunc minutis.

Fig. 754: exempla duo minuta; *a, a:* facies orales; *b, b:* facies spirales.
Fig. 755: minimum; *a:* facies oralis; *b:* facies spiralis.
Fig. 756: magis trochoidea; *a:* facies oralis; *b:* facies marginalis; omnes e mari Spetsbergensi profund. metr. 180—1,300.
Fig. 757: e mari Atlantico boreali profund. metr. 500; *a:* facies spiralis; *b:* facies marginalis.
Figg. 758—759: magis robusta, e mari Germanico profund. metr. 180; *a, a:* facies orales; *b:* facies marginalis.
Fig. 760: e mari Norvegico profund. metr. 200; poris crebris minutis; *a:* facies oralis.
Fig. 761: in G. dubiam Egger vergens, e mari Caraibico profund. metr. 540; *a:* facies oralis; *b:* facies marginalis; *c:* exemplar magis trochoide ejusdem.
Fig. 762: in G. aequilateralem Brady transiens, apertura valde coarctata; *a:* facies marginalis et oralis; *b:* facies umbilicalis; e mari Azorico profund. metr. 530.

d'Orb. 1826. Tab. meth. An. Sc. nat. 7. p. 277. No. 1. Mod. No. 17, 76.
Goës, 1882. Ret. Rhizop. Carib. Sea. Sv. Vet. Akad. Handl. 19. 1. p. 92, ubi synonymi; t. 6, f. 203.
Brady, 1884. Chall. Rep. Zool. 9. p. 593, t. 77, 79, f. 3—7.
Brady, Park. & Jones, 1887, Abrolhos Bank, Trans. Zool. Soc. Lond. 12. 7, t. 45, f. 15.

Hab. extra oras Sveciae occidentalis metr. 20—90; mare boreale atlant. & glaciale metr. 500—1,870 abundans; ad Spetsbergias metr. 350—1,250 (pygmaea). Diam. mm. 0,30—0,66.

Orbulina magnum globigerina segmentum embryonale est habenda maturum, qvod prodem generare possit, quamobrem in Orbulinam hanc inclusam haud raro invenis. Embryones istae aut uniloculares, matri similes, sunt aut multiloculares, globigerinaeformes. Orbulinae singulae maximae nunquam fere embryones includunt, quasi nimis maturae, aetate confectae, seniles.

Naturali de connexu inter Orbulinam et Globigerinam inter se praeterea dissentiunt auctores. M. Schultze et v. Reuss (Böhm. Gesellsch. Wissensch. Sitz. Ber. 1861, p. 13) Orbulinam segmentum Globerinae ultimum, disjunctum habuerunt. Alcock (Literar. & Philos. Soc. Manch. Mem. (3) 3, 1868, p. 175) Orbulinam sarcoli glomeramen Globigerinae extra matrem collectum, ubi postea testa circumdatum ratione probabili censet.

Dom. Schlumberger (Comptes rendus d. Seances de l'Acad. Sciences April 1884) primus sententiam nostrae fere parem proposuit. Si Globigerina singulae Orbulinas, et hae Globigerinas pariunt, genera distincta non juste habenda.

Dom. Schlumberger (l. cit), Brady (Challeng. Rep. p. 607, et praeterea Schacko (Wiegmanns Arch. 49, p. 428) orbulinas magnitudine media (mm. 0,70) embryones globigeriniformes procreandi praecipue esse compotes observarunt, quae potentia pro magnitudine superante decrescat.

formae affines:

1. crassa, subglobosa, paullum depressa, anfractibus plerumque 2 indistinctis, segmentis anfr. ultimi 4, suturis indistinctis; apertura umbilico-suturali, semilunari, angusta.

G. pachyderma (Ehrenb.) Brady, 1884. Chall. Rep. Zool. 9. p. 600. t. 114. f. 19—20.
Glob. bulloides v. borealis Brady, 1881, Österr. Ungar. N. pol. Exped., Wien. Ak. Dkschr 43. p. 403; A. M. Nat. Hist. (5) 4, p. 435. t. 21. f. 10.

Hab. in sinubus Groenlandiæ passim; plerumque pygmæa.

2. facie spirali plana aut subplana, facie umbilicali tumida, anfractibus 3—4, segmentis anfr. ultimi 3—4, apertura plerumque suturali marginali, aut semimarginali magna, semilunari, interdum valde angusta fere obliterata, poris minutis; superficie interdum scrobiculata; sæpe Pulleniæ obliqueloculatæ similis.

G. inflata d'Orb., Tab. XIV, figg. 763—765.

Fig. 763: facies umbilicalis; *a:* facies marginalis cum apertura: *b:* facies spiralis; e mari Azorico profund. metr. 530.

Fig. 764: facies spiralis; *a:* facies oralis; *b:* facies marginalis; e mari Germanico profund. metr. 180.

Fig. 765: facies spiralis; *a:* facies umbilicalis; *b:* facies marginalis, cum apertura angustissima; e mari Azorico profund. metr. 80—120.

d'Orb., 1839, For. Canar., p. 134, t. 2, ff. 7—9.
Glob. bulloides var. inflata Park. & Jones, 1865, North Atlant. & Arct. Oc., Phil. Trans. 155. p. 367, t. 16, f. 16—17.
Owen, 1867, Surface Fauna Mid. Ocean. Journ. Lin. Soc. (Zool.) 9, p. 148, t. 5, f. 13.
Brady, 1884, Chall. Rep. Zool. 9, p. 601, t. 79, ff. 8—10.

Hab. mare Germanicum et sinum Codanum metr. 180, sat frequens. Diam. mm. 0,55—0,60.

APPENDIX.

3. trochoidea, spira plus minusve prominens, anfractibus plerumque 3, singulo 3 camerato, cameris globosis, inflatis; apertura umbilicali, circulari quadrilatera aut semilunari, suturali; præterea aperturæ suturales semilunatæ paucæ supra facie spirali sparsæ.

Color dilute ruber, interdum albidus; a Glob. triloba Reuss non sat distincta; spira interdum applanata, interdum pyramidalis.

G. rubra d'Orb., Tab. XIV, fig. 766.

Fig. 766: facies umbilicalis; *a:* facies spiralis; *b:* facies marginalis, exempli spira minus elevata; e mari Caraïbico.

d'Orb., 1839, For. Cuba, p. 94, t. 4, f. 12—14.
Glob. rubra Vanden Broeck, Étude foramf. Barbade, Ann. Soc. Belg. microsc. 2, p. 125, t. 3, ff. 9—10.
Brady, 1884, Chall. Rep. Zool. 9, p. 602, t. 79, ff. 11—16.
Brady, Park. & Jones, 1887, Abrolhos Bank, Trans. Zool. Soc. Lond. 12, 7, t. 45, f. 12.
? **Glob. canariensis** d'Orb., 1839, For. Canar., p. 133, t. 2, ff. 10—12.

Hab. mare Caraïbicum locis certis abundans metr. 500 (Goes). Diam. mm. 1,25.

4. subsymmetrice planospiralis anfractibus $1^1/_2$—3, ultimo sæpe distante, 5—6 camerato, cameris subglobosis, singulis orificio late semilunari umbilicum versus aperto instructis.

G. aequilateralis Brady, Tab. XIV, fig. 767.
Fig. 767: facies spiralis; a: facies umbilicalis; b: facies marginalis; e mari Azorico profund. metr. 530.

(1879) 1884, Chall. Rep., p. 605, t. 80, ff. 18—21.
Glob. hirsuta d'Orb., 1839, For. Canar., p. 133, t. 2, ff. 4—6.
Goës, 1881, Ret. Rhizop. Carib. Sea, Sv. Vet. Akad. Handl. 19, 4, t. 6, ff. 201—202.

Hab. mare Caraibicum metr. 500 (Goës); ad Azores metr. 500 (Smitt & Ljungman). Diam. mm. 0,80—1.

5. magis depressa, anfractu ultimo segmentis 5—7 praedita; praeterea ut in typica, a qua non sat distincta, neque a Gl. dubia Egger, magis inflata, distingui debet; poris saepe minutis.

G. cretacea d'Orb., 1840, For. Craie Id. Paris, Mém. Soc. géol. France 4, p. 34, t. 3, ff. 12—14.
Goës, 1881, Ret. Rhizop. Carib. Sea, Sv. Vet. Akad. Handl. 19, 4, t. 6, ff. 204—206.
Brady, 1884, Chall. Rep., p. 596, t. 82, f. 11 (fig. 10 potius ad typum referenda).

Hab. mare caraibicum metr. 500 passim, pygmaea mm. 0,15—0,30.

6. depressa, inflata, anfractu ultimo 3—4-camerata, segmentis globosis, ultimo (interdum et penultimo) conico-mitraeformi, ab anfractu penultimo saepe disjuncto; aperturae aliquot magnae.

G. sacculifera Brady, 1884, Chall. Rep., p. 604, t. 80, ff. 11—17; t. 82, f. 4.
Goës, 1882, Ret. Rhizop. Carib. Sea, Sv. Vet. Akad. Handl. 19, 4, t. 6, ff. 197—200.
Glob. helicina Carpenter, 1862, Introduct. Stud. Foramf., t. 12, f. 11.

Hab. mare Caraibicum metr. 300—700. Long. mm. 1,30.

7. globosa, compacta, anfractibus saepe indistinctis, ultimo cameris 3, rare 4 praedito; apertura umbilicali magna, suturali semilunari, praeterea aperturae minores suturales in facie spirali sparsae (interdum obsoletae). Anfractus interni saepe trigonaliter dispositi.

G. conglobata Brady, Tab. XIV, figg. 768—769.
Fig. 768: facies umbilicalis; a: facies spiralis aperturis fere obsoletis; e mari Azorico.
Fig. 769: facies umbilicalis; a: facies spiralis, aperturis fere obsoletis aut minutis; e mari Caraibico.

Brady, 1884, Chall. Rep., p. 603, t. 80, ff. 1—5, t. 82, f. 5.
Goës, 1882, Retr. Rhizop. Carib. Sea, Sv. Vet. Akad. Handl. 19, 4, t. 6, f. 196.
Brady, Park. & Jones, 1888, Abrolhos Bank, Trans. Zool. Soc. Lond. 12, 7, t. 45, f. 13.

Hab. mare Caraibicum metr. 180—400 (Goës); extra Azores insulas metr. 500 (Smitt, Ljungman).

SPHÆROIDINA d'Orb.

S. bulloides d'Orb.

Tab. XIV, fig. 770.

Globosa, interdum ovato-pyramidalis, anfractibus apparentibus 2 indistinctis, interdum 3, segmentis anfractus ultimi 3—4, tumidis, magnis; apertura rima semilunari aut semicirculari, suturali sæpe valvulata.

Sæpe nitida, poris minutis.

Fig. 770: facies oralis; *a*: facies spiralis; e mari Germanico.

d'Orb., 1826, Tab. meth., Ann. Sc. nat. 7, p. 267, No. 1, Mod. 65.
? **Sexloculina Haueri** Czjzek, 1847, For. Wienerbeck., Haiding. Nat. Wiss. Abh. 2, p. 149, t. 13, ff. 35—36.
Goës, 1882, Ret. Rhiz. Carib. Sea, Sv. Vet. Akad. Handl. 19, 4, p. 89, t. 6, ff. 190—193.
Brady, 1884, Chall. Rep. Zool. 9, p. 620, t. 84, ff. 1—7.
Brady, Park. & Jones, 1888, Abrolhos Bank, Trans. Zool. Soc. Lond. 12, 7, t. 45, ff. 9—11.

Hab. mare Germanicum metr. 180; Österfjord Norvegiæ metr. 180—360 passim (Norman). Diam. mm. 0,50—0,60.

PULLENIA Park. & Jones.

P. sphæroides d'Orb.

Tab. XIV, figg. 771—772.

Subglobosa, paullum compressa, nautiloidea, nitida, segmentis 4, rare 5, suturis tenuibus, vix impressis; apertura rima angusta, transversa marginalis, suturalis.

Figg. 771—772: facies laterales; *a, a*: facies marginales; e mari Spetsbergico.

Nonion. sphæroides d'Orb., 1826, Tab. meth., Ann. Sc. nat. 7, p. 293, No. 1, Mod. 43.
Pull. bulloides Rss., 1870; v. Schlicht, Septar. Thon. Pietzpuhl, t. 20, ff. 1—2.
sphæroides Brady, 1884, Chall. Rep., p. 615, t. 84, ff. 12—13.
Brady, Park. & Jones, 1888, Abrolhos Bank, Trans. Zool. Soc. Lond. 12, 7, t. 45, ff. 21, 24.

Hab. in Österfjord Norvegiæ metr. 670, passim (Norman), extra Spetsbergiam 72° Lat. bor. metr. 360 (v. Otter). Diam. mm. 0,35.

forma affinis:

Magis compressa, segmentis apparentibus 4—5, suturis plerumque magis impressis, prætera ut in præcedente, qua sæpe paullo major.

P. quinqueloba Rss. Tab. XIV, fig. 773, a.

v. Reuss, 1851, Septar. Thon. Berlin; Zeitschr. deutsch. geol. Gesellsch. 3, t. 5, f. 31.
P. compressiuscula Rss., v. Schlicht, t. 20, ff. 5—6.
Goës, 1881, Ret. Rhizop. Carib. Sea, Sv. Vet. Akad. Handl. 19, 4, t. 8, ff. 248—249 (segm. extern. 1)
Brady, 1884, Chall. Rep., p. 617, t. 84, ff. 14—15.
Brady, Park. & Jones, 1888, Abrolhos Bank, Trans. Zool. Soc. Lond. 12, 7, t. 45, ff. 22, 23.

Hab. cum præcedente. Diam. mm. 0,50.

PLANORBULINA d'Orb.

P. lobatula Walk. & Jacob.

Tab. XV, fig. 774.

Saepissime affixa, plano- aut concavo-convexa, saepe sinuose undata; facies aboralis s. spiralis anfractum solum ultimum plerumque exhibens, interdum obsolete umbilicata, segmentis 6—8; facies oralis anfractus 2—3 praebens; apertura rima suturalis, marginalis-extraumbilicalis.

Pori saepe exigui, sparsi, interdum praecipue faciei oralis obsoleti.

Variat: magis compacta, segmentis anfractus ultimi usque ad 12.

Fig. 774: facies aboralis; *a*: facies marginalis; *b*: facies oralis, typicae.

Nautilus lobatulus Walk. & Jac., 1798, Adams Essay microscop. (Kanmacher), p. 642, t. 14, f. 36.
Truncatulina tuberculata d'Orb., 1826; Tabl. meth., Ann. Sc. nat. 7, p. 279, No. 1, Mod. 37.
Planulina incerta d'Orb., ibid., p. 280, No. 4.
Truncat. variabilis Reuss, 1870; v. Schlicht, For. Septar. Thon. Pietzpuhl, t. 21, ff. 12—23, 27—29.
　　　　lobatula Brady, 1884, Chall. Rep. 9, p. 660, t. 92, f. 10; t. 93, ff. 1, 4—5; t. 115, ff. 4—5.
　　　　　　Brady, Parк., Jones, 1887, Abrolhos Bank, Transact. Zool. Soc. London 12, 7, t. 15, f. 26.
　　　　　　Sherborn & Chapm., 1886, London Clay; Journ. R. micr. Soc. (2) 6, t. 16, f. 12.
Synonymiam ceteram vide Goës, Ret. Rhizop. Caribb. Sea, Sv. Vet. Akad. Handl. 19, 4, p. 96.

Obs. Nautilus farctus Ficht. & Moll., 1803, Test. microsc., p. 64, t. 9, ff. g—i est forsan forma distincta, poris majoribus.

Anomalina irregularis Terq., 1886, For. & Ostrac. Islande, Bullet. Soc. Zool. France 1886, p. 333, t. 11, ff. 14—15.
? Truncat. globulosa Terq., ibid., t. 11, ff. 12—13.
Truncat. lobatula Fornasini, 1893, For. marine messinesi, Mem. Accad. Sc. Instit. Bologna (5) 3, t. 2, ff. 15—16.

Hab. ad oras Sveciae occidentalis et Norvegiae in algis lapidibusque adnata, profund. metr. 5—50 sat frequens; mare Groenlandicum profund. metr. 100—300. Diam. mm. 1.50 et ultra.

formae affines:

1. cameris plus minusve irregulariter dispositis.

P. variabilis d'Orb.

Truncatul. variabilis d'Orb., 1826, Tabl. meth., Ann. Sc. nat. 7, p. 279; ?1839, For. Canar. p. 135, t. 4, f. 29.
Planorb. truncata Egger, 1857, Mioc. Ortenburg; Leonh. u. Bronns Jhb. 1857, p. 280, t. 10, ff. 15—17.
Truncat. tuberosa Park., Jones, Brady, 1871, Nomenclature Foram., A. M. N. Hist. (4) 8, p. 177, t. 12, f. 138.
　　　　innormalis Costa, 1854, Pal. Nap. 2, t. 21, f. 11.
　　　　variabilis Brady, 1884, Chall. Rep. 9, p. 661, t. 93, ff. 6, 7.
　　　　　　Brady, Parк., Jones, 1887, Abrolhos Bank, Transact. Zool. Soc. London 12, 7, t. 15, f. 17.

Hab. c. praecedente rara praesertim in tropicis.

2. plus minusve elate conica, saepe subcarinato-limbata, compacta, suturis interdum obscuris:

P. refulgens (Mtr.) d'Orb. Tab. XV, figg. 775—776.

Fig. 775: facies aboralis; *a:* facies marginalis; *b:* facies oralis.
Fig. 776: facies marginalis alius magis typicae.

Truncatulina refulgens d'Orb., 1826, Tab. méthod. Ann. Sc. Nat. 7, p. 279, t. 13, ff. 8—11; Mod. 77, (cameris quam in nostra forma fere duplo frequentioribus).
Brady, 1884, Chall. Rep. 9, p. 659, t. 92, ff. 7—9.

Hab. in sinubus Norvegiae, Spetsbergiae, Groenlandiae, metr. 120—250 passim. Diam. mm. 1—1.50.

3. deplanata, tenuis, suturis saepe impressis, interdum limbatis, margine saepe acuto, poris magnis; segmentis arcuatis; inter lobatulam et rotulam d'Orb. medium tenens; a Rotal. Schlönbachi Rss, 1862 (Nordd. Hils. u. Gault, Wien. Ak. S. Ber. 46. p. 84, t. 10, f. 5) vix distincta:

P. Wüllerstorfi Schwag. Tab. XV, fig. 777.

Fig. 777: facies aboralis; *a:* facies marginalis; *b:* facies oralis.

Anomal. Wüllerstorfi Schwag., 1866, Novara Reise, Geol. 2, p. 258, t. 7, ff. 105—107.
Anomal. tenuissima Rss, 1855, Tert. Sch. nördl. u. mittl. Deutschl., Wien. Ak. S. Ber. 18, p. 244, t. 5, f. 60 et
Truncat. costata v. Hken, 1877, For. Clavul. Szab. Sch. p. 73, t. 9, f. 2, non sat distinctae.
  Wuellerstorfi Brady, 1884, Chall. Rep. Zool. 9, p. 662, t. 93, ff. 8, 9.
  Uhlig, 1886, Galliz. Carpat. Alttertiär. Mikr. Faun., Jhb. K. K. geol. Reichsanst. 36, p. 174, fig. 3.

Hab. mare glaciale et Atlanticum metr. 1,780—4,630 sat frequens (v. Ottek). Diam. mm. 0.80—1.50.

4. planoconvexa aut depresse biconvexa, facies aboralis saepe plus minusve impressa aut centro subplano, suturis saepe impressis; centrum faciei oralis interdum submubonatum; forma nostra marginata; inter typicam et Ungerianam d'Orb. A Planorb. lobatula nisi spira faciei aboralis obsolete aparente et segmentis anfr. ultimi plerumque pluribus distincta:

A Rotal. Kalembergensi, Truncat. Boueana d'Orb., non sat distincta, illa libera, haec affixa.

P. Akneriana d'Orb. Tab. XV, figg. 778—779.

Fig. 778: facies aboralis; *a:* facies marginalis; *b:* facies oralis exempli e Farsund, Norvegiae, profund. metr. 35.
Fig. 779: facies aboralis; *a:* facies marginalis; *b:* facies oralis, exempli e sinu Hardanger, Norvegiae, metr. 50.

Rotal. Akneriana d'Orb., 1846, Bass. tert. Vienne, p. 156, t. 8, ff. 13—15.
Truncatulina Akneriana Brady, 1884, Chall. Rep., p. 663, t. 94, f. 8 (suturis faciei oralis sublimbatis; facies aboralis sparsim tuberculata).

Hab. in sinubus Bahusiae, Norveghe et Spetsbergensibus metr. 30—350 rara. Diam. mm. 0.75.

P. Ungeriana d'Orb.

Tab. XV, fig. 780.

Biconvexa aut subplano-convexa, altitudine valde varians, nunc tenuis, marginata, nunc magis distensa; segmentis anfractus ultimi 9—11; facies aboralis plus minusve — interdum obsolete — umbonata, umbone interdum granoso, praedita; facies oralis nunc obsolete umbilicata, nunc umbonata; poris magnitudine variantibus, forma tropicæ minoribus, crebrioribus. Forma nostra lobatulæ proxima, a qua interdum vix distinguenda.

Fig. 780: facies aboralis; *a*: facies marginalis; *b*: facies oralis exempli formæ emaciatæ.

Rotalina Ungeriana d'Orb., 1846, Bass. tert. Vienne, p. 157, t. 8, ff. 16—18.
— constricta v. Reuss, 1861, Kreide v. Rügen: Wien. Ak. S. Ber. 44, p. 329, t. 6, f. 7; t. 7, f. 1.
Truncat. Ungeriana Rss, 1870; v. Schlicht, Sept. Thon, Pietzpuhl, t. 21, ff. 1—3.
Planorb. Ungeriana Goës, 1882, Retic. Rhizop. Carib. Sea, Sv. Vet. Akad. Handl. 19, 4, p. 100, t. 7, ff. 234—240 (magis distensa; et variet. affixa); forma distensa a (Rotalia) Truncat. rosea (d'Orb.) Brady, Chall. Rep., p. 667, t. 96, f. 1 vix distincta.
Truncat. Ungeriana Brady, 1884, Chall. Rep. 9, p. 664, t. 94, f. 9.
— pygmæa (Hkns) Brady ibd., p. 666, t. 95, ff. 9—10 vix specifice distincta.
Planorb. Ungeriana Sulkr. & Chapm., 1886, London Clay, Journ. R. microsc. Soc, (2) 6, t. 16, f. 16.

Hab. ad oras Bahusiæ Sveciæ profund. metr. 50 minus frequens, præterea mare Germanicum et sinum Codanum metr. 180—890 (Thull), mare Atlant. boreale metr. 1.780 (Lindahl).

P. coronata Park. & Jones.

Tab. XV, figg. 781—783.

Truncato-conica aut plano-spiralis, discoidea aut plano-convexa, umbilicis concavis, depressis plerumque plicatis aut rugosis, spira anfractuum laterum amborum nuda aut subnuda, rugis tamen obscura, margine late truncato aut subrotundato, segmentis anfr. ultimi 8—9; apertura marginalis, suturalis, pori interdum obstructi, magnitudine medii.

Facies aboralis interdum valde angusta, quare forma Pl. refulgenti valde propinqua exstat, ex qua forsan sit derivata.

Fig. 781: facies oralis, aporata.
Fig. 782: facies marginalis.
Fig. 783: facies aboralis exempli alius refulgenti similis; *a*: facies marginalis ejusdem.

Anomalina coronata Park. & Jones, 1857, For. Coast Norway, A. M. N. H. (2) 19, p. 294, t. 10, ff. 15, 16.
— Brady, 1864, Rhizop. Shetland, Trans. Lin. Soc, 24, p. 469, t. 48, f. 13.
Planorb. farcta v. **coronata** Park. & Jones, 1865, North Atl. & Arct. Oc., Phil. Transact. 155, p. 383, t. 14, ff. 7—11.
Anomalina coronata Brady, 1884, Chall. Rep. p. 675, t. 97, ff. 1, 2.
— Fornasini, 1895, For. marne messinesi; Mem. Accad. Sc. Instit. Bologna (5) 3, t. 2, f. 17.

Hab. ad oras Norvegiæ profund. metr. 100—530 haud rara. Diam. 1—1.20.

P. ariminensis d'Orb.

Tab. XV, figg. 784—785.

Plana, compressa, spiralis, segmentis anfract. ultimi 8—11, suturis sæpe limbatis, interdum impressis, margine truncato aut subcarinato, latus utrumque alterum alteri fere simile, apertura marginali, suturali.

Fig. 784: facies aboralis; *a*: facies marginalis; *b*: facies oralis exempli e mari Azorico profund. metr. 530.

Fig. 785: facies oralis; *a*: facies marginalis, e mari Germanico profund. metr. 180.

(Planulina) **ariminensis** d'Orb., 1826, Tab. méth., Ann. Sc. nat. 7, p. 280, t. 14, ff. 1—3 bis. Mod. 49.
Planorb. tuberosa v. **Ariminensis** Gœs, 1882, Retic. Rhizop. Carib. Sea, Sv. Vet. Akad. Handl. 19, 4, p. 98, t. 7, ff. 228—233.
Anomalina ariminensis Brady, 1884, Chall. Rep. 9, p. 674, t. 93, ff. 10—11.
Brady, Park., Jones, 1888, Abrolhos Bank, Trans. Zool. Soc. Lond. 12, 7, t. 45, ff. 20—22.

Hab. mare Germanicum profund. metr. 180 rara; præterea ad Azores insulas metr. 530 (Smitt & Ljungman). Diam. 0.87—1.

P. mediterranensis d'Orb.

Tab. XV, fig. 786.

Applanata, affixa, juvenis regulariter spiralis, adulta cameris irregulariter cyclice dispositis; facies affixa sive oralis sola spiram exhibens; hyalina, cameris centralibus fulvis.

Fig. 786: facies aboralis; *a*: facies marginalis.

d'Orb., 1826, Tab. méth., Ann. Sc. nat. 7, p. 280, Mod. 79; 1846. Bass. tert. Vienne, p. 166, t. 9, ff. 15—17.
Planorb farcta var. **vulgaris** Gœs, 1882, Retic. Rhizop. Carib. Sea, Sv. Vet. Akad. Handl. 19, 4, p. 97, t. 7, f. 227. Synonymia ibid., ab qua Pl. variabilis d'Orb. abstrahenda est.
mediterranensis Brady, 1884, Chall. Rep., p. 656, t. 92, ff. 1—3.

Hab. ad oras Sveciæ et Norvegiæ profund. metr. 50—180, haud frequens. Diam. mm. 0.50—0.80.

GYPSINA Carter.

G. inhærens Schultze.

Tab. XV, fig. 787.

Affixa, plus minusve depressa, irregulariter expansa, stadium juvenile segmentis sæpe planospiraliter dispositis, præterea irregulariter accrvatis, polygonis aut semiglobosis, apertura nulla, poris magnis, uti apud Planorbulinas, in facie affixa sæpe obsoletis, margine excepto.

Fig. 787: facies superna sive libera; *a*: facies marginalis; *b*: facies affixa, exempli e mari Bahusiæ.

Acervulina inhærens Schultze, 1854, Organ. Polythal. p. 68, t. 6, f. 12.
Tinoporus lucidus Wright, 1877, Rec. For. Down & Antrim, Proc. Belfast. nat. Field. Club 1876—77; App. p. 105, t. 4, ff. 4—5.
Gyps. inhærens Brady, 1884, Chall. Rep. 9, p. 718, t. 102, ff. 1—6.

Hab. ad oras Bahusiæ profund. metr. 40—50 in testaceis affixa, passim. Lat. mm. 1.80.

G. vesicularis Park. & Jones var. intermedia.
Tab. XV, fig. 788.

Plerumque affixa, truncato-subconica, ovoidea aut subglobularis, foveolato-areolata; cameris magnitudine variantibus, poris nunc obsoletis aut minoribus, nunc majoribus. Inter Gyps. globulum (Rss) Brady et vesicularem Park. & Jones medium tenet.

Fig. 788: facies libera; *b*: facies affixa; *c*: sectio transversa.

Orbitolina vesicularis Park. & Jones, 1866, Nomenclat. Foram., A. M. N. H. (3) 6, p. 31.
Tinoporus lævis Carp., 1861, Research. For. Phil. Transact. 150, p. 559, t. 21, ff. 1—3.
   vesicularis Carp., 1862, Introd. Foram., p. 224, t. 15, ff. 1—4.
   lævis Brady, 1864, Rhizop. Shetl., Trans. Lin. Soc. 24, p. 470, t. 48, f. 17.
Gyps. vesicularis Brady, 1884, Chall. Rep. 9, p. 718, t. 101, ff. 9—12.

Hab. ad oras Bahusiæ et Norvegiæ profund. metr. 20—70 haud rara. Diam. 1.80.

RUPERTIA Wallich.
R. stabilis Wallich.
Tab. XV, fig. 789.

Affixa, producto-spiralis, obovata aut clavata, plus minusve pedunculata, basi sub-expansa; anfractibus 2—3, raptim increscentibus, interdum 5, segmentis anfractuum 4—6 singulorum, sæpe plus minusve inflatis. Apertura, fissura semilunaris, marginalis, obliqua interdum in vestibulum umbilicale magnum spectans. Pori nunc crebri nunc sparsi, nunc minores nunc magni, interdum in series dispositi. Nunc subhyalina, nunc calcarea nitida, nunc valde incrustata suturis obsoletis.

Fig. 789: facies oralis; *a*: facies lateralis; *b*: basis affixa, subtus; *c*: sectio transversa anfr. medii.

Wallich, 1877, On a new sessile Foramf. fr. the N. Atlantic. A. M. N. H. (4) 19, p. 501, t. 20.
Schlumberger, 1883, Note s. For. nouv. golfe de Gascogne; Feuille des jeunes naturalistes 13, p. 27, t. 2, ff. 6—8.
Brady, 1884, Chall. Rep., p. 680, t. 98, ff. 1—12.

Hab. mare Spetsbergicum metr. 1.300, Atlanticum boreale profund. metr. 1.750 (Lindahl); altitudo mm. 1.50.

PATELLINA Williams.
P. corrugata Will.

Conica, patelliformis, orbicularis aut subovata, infra concava, segmentis plus minusve indistincte biserialibus, amplectentibus; stadio larvali apicali irregulariter spirali, anfractibus circiter 2; segmentis sequentibus septis incompletis, ut costis aut rugis verticalibus externe indicatis, divisis. Corpus testæ internæ ex cameris irregularibus constitutum.

WILLIAMS, 1858, Rec. For. Gr. Brit., p. 46, t. 3, ff. 86—89.
CARPENTER, 1862, Introduct. Stud. Foramf., p. 230, f. 13, ff. 16—17 (segmentis cyclicis).
BRADY, 1884, Chall. Rep. 9, p. 634, t. 86, ff. 1—7.
PARK. & JONES, 1865, North. Atl. & Arct. Oc., Phil. Trans. 155, t. 15, f. 29.

Hab. ad Groenlandiam profund. metr. 90 rara (NORMAN).

DISCORBINA PARK. & JONES.
D. Berthelotiana D'ORB.
Tab. XV, fig. 790.

Depressa complanata tenuis, hyalina, facie aborali leniter concava nunc umbilicata, nunc paullum impressa, anfractu ultimo praecedentem nunc totum nunc ex parte obtegente; segmentis anfr. ultimi 5—9; facie orali excavata, interdum subumbilicata; suturis, hujus interdum uti costis prominentibus, distinctis; poris minutis.

Fig. 790: facies aboralis; a: facies marginalis; b: facies oralis exempli e mari Germanico.

Rosalina D'ORB., 1839, For. Canar., p. 135, t. 1, ff. 28—30.
GOES, 1882, Retic. Rhizop. Carib. Sea, Sv. Vet. Akad. Handl. 19, 4, p. 105, t. 8, ff. 266—268.
BRADY, 1884, Chall. Rep., p. 650, t. 89, ff. 10—12.
Discorb. baconica v. HKEN. 1875, For. Clav. Szab. Seh., Mittheil. Jhrb. ungar. geol. Anst. 4, p. 76, t. 10, f. 3 (major, limbata, carinata).
raroscens BRADY, 1884, Chall. Rep. 9, p. 651, t. 90, ff. 2—3 (carinata vel carinato-alata).
Bertheloti BRADY, PARK. & JONES, 1887, Abrolhos Bank, Trans. Zool. Soc. Lond. 12, 7, t. 46, ff. 7—8.

Hab. mare Germanicum profund. metr. 180 passim; ad oras Norvegicas metr. 90—540 (NORMAN, v. YHLEN). Diam. mm. 0,50—0,60.

D. parisiensis D'ORB.
Tab. XV, fig. 791.

Convexa aut planoconvexa, tenuis, obtuse marginata, spira nunc aperta nunc anfractu ultimo celata, segmentis hujus 6—12, arcuatis, plus minusve angustatis; facie infera s. orali tuberculis minutissimis, in radios dispositis, instructa; suturis saepe sinuosis.

Forma nostra suturis paullum impressis, interdum valde deplanata, fere discoidalis, poris sparsis, magnitudine mediis.

Variat segmentis angustioribus magis numerosis = D. opercularis d'ORB.

Fig. 791: facies aboralis; a: facies marginalis; b: facies oralis.

Rosalina D'ORB., 1826, Tab. method., An. Sc. nat. 7, p. 271, No. 5, Mod. 38.
PARKER, JONES, BRADY, 1866, Crag. For., Palæogr. Soc. 19, t. 2, ff. 13—15.
WRIGHT, 1877, For. Down & Antrim, Proc. Belfast Nat. Field Club 1876—77, Append., p. 105, t. 4, f. 4.
BRADY, 1884, Chall. Rep. 9, p. 648, t. 90, ff. 5, 6, 9—12.

Hab. ad insulam Hven profund. metr. 20, rara (THEEL & TRYBOM). Diam. mm. 0,15.

D. rosacea d'Orb.
Tab. XV. fig. 792.

Trochoidea, late conica, hyalina, obtuse marginata, subtus subplana aut paullum excavata, anfractibus 3—4, ultimo 4—7 segmentato, facie orali saepe lobulis umbilicalibus instructa ("asterisante"), poris minutis aut mediis saepe marginalibus; a Discorbina (Rotalia) turbone d'Orb. nisi statura magis depressa non distincta, quod valde varians.

Variat segmentis angustioribus, semilunaribus, amplectentibus, suturis saepe limbatis.

Fig. 792: facies aboralis; *a*: facies marginalis; *b*: facies oralis; e mari Bahusiae.

Rotalia d'Orb., 1826, Tab. meth., Ann. Sc. nat. 7, p. 273, No. 15, Mod. 39.
Asterigerina planorbis d'Orb., 1846, For. Bass. tert. Vienne, p. 205, t. 11, ff. 1—3 (segmentis angustis amplectentibus).
Rotal. mamilla Williams, 1858, Rec. For. Gr. Brit., p. 54, t. 4, ff. 109—111 (segment. amplectentibus, poris marginalibus limbata).
? **Discorb. stellata** Rss., 1867, Steinsalzablag. Wieliczka, Wien. Ak. S. Ber. 55, p. 101, t. 5, f. 1 (paullum limbata).
? **Discorb. squamula** Rss., ibid., t. 5, f. 2 (subtus limbatis suturis).
Discorb. rosacea Brady, 1884, Chall. Rep. 9, p. 644, t. 87, ff. 1, 4 (cnfr. Discorb. turbonis figuram ibidem tab. 87, f. 8).
Obs. **Discorb. orbicularis** (Terquem) Brady, Chall. Rep., p. 647, t. 88, ff. 4—8, segmentis valde angustis amplectentibus, in anfractu ultimo 3—4, ab Asterigerina planorbi Egger 1857, Mioc. Ortenburg, Leonh. & Bronns Jhb. 1857, p. 281, t. 11, ff. 8—10 nec a Rosal. Auberii d'Orb., 1839, For. Cuba, p. 94, t. 4, ff. 5—8 sat distincta, est varietas D. rosaceae habenda. Inter ambas medium tenet D. rosacea Goës, 1882, Retic. Rhizop. Carib. Sea, Sv. Vet. Akad. Handl. 19, 4, p. 105, t. 8, ff. 254—257.
Rosalina squamiformis Rss. 1854, Kreide Ostalp., Wien. Ak. DkSchr. 7, p. 69, t. 26, f. 2 (ab qua nostra nisi lobulis umbilicalibus destituta, non distincta).
Rotalina nitida Williams, 1858, Rec. For. Gr. Brit., p. 54, t. 4, ff. 106—108 verosimiliter ad D. rosaceam referenda; a Brady ad Rotaliam relata: Chall. Rep., p. 705; Synopsis Brit. Rec. For., Journ. Roy. microsc. Soc. 1887, p. 293.

Hab. in Skagerack sinus Codani profund. metr. 50 rara (H. Thiell). Diam. mm. 0,50—0,60.

D. globularis d'Orb.
Tab. XV. fig. 793.

Trochoidea, facie aborali convexa, spiram totam exhibente, anfractibus 2—3—3¹/₂, segmentis ultimi 5—7, margine obtuso, poris majoribus; facie orali saepe aporata, plerumque concava aut subplana, interdum irregulariter impressa et tumida, umbilico irregulari; suturis saepe impressis, interdum sinuosis.

Color testae plerumque flavidus.

Fig. 793: facies aboralis; *a*: facies marginalis; *b*: facies oralis.

Rosalina d'Orb., 1826, Tab. meth., An. Sc. nat. 7, p. 271, t. 13, ff. 1—4, Mod. 69.
Rot. semiporata Egger, 1857, Leonh. & Bronns Jhb. 1857, p. 276, t. 8, ff. 1—3.
concamerata Will. (ex parte), 1858, Rec. For. Gr. Brit., p. 53, t. 4, ff. 104—105.
Disc. vesicularis v. **globularis** Park. & Jones, 1865, North Atl. & Arct. Oc., Phil. Transact. 155, p. 386, t. 14, ff. 22—23.
globularis Brady, 1884, Chall. Rep. 9, p. 643, t. 86, f. 8, 13.

Hab. ad oras occidentales Sveciae et Norvegiae inter algas profund. metr. 3—50, vulgaris. Diam. mm. 1—2.

Variat statura minore, poris exiguis:

Discorbina (Rosalina) Vilardeboana, araucana D'ORB., Tab. XVI. fig. 796; exemplum e mari Azorico; *a*: facies marginalis; *b*: facies oralis.

D'ORB., 1839, Voy. Amér. mérid. 5, p. 44, t. 6, ff. 13—18.
BRADY, Chall. Rep., p. 645, t. 86, ff. 9—12; t. 88, f. 2.

D. obtusa D'ORB.

Tab. XV, figg. 794—795.

Planoconvexa, tumidiuscula, anfractibus faciei aboralis $1^1/_2$—$2^1/_2$, ultimo segmentis 5—8, spiram nunc subtegente, nunc spiram totam nudam revelante, segmentis tumidiusculis, margine obtuso, aut rotundato; facie orali subplana tuberculis umbilicalibus et striis radiantibus praedita, interdum aporata; poris mediis aut minutis; facies aboralis interdum tuberculata.

Fig. 794: facies aboralis; *a*: facies marginalis; *b*: facies oralis.
Fig. 795: juvenis; *a*: facies marginalis; *b*: facies oralis.

Discorbina pulvinata BRADY, Chall. Rep. Zool. 9, t. 88, f. 10, facie aborali tuberculata, valde propinqua, forsan eadem.

Rosalina obtusa D'ORB., 1846, Bass. tert. Vienne, p. 179, t. 11, ff. 4—6.
Discorbina vesicularis var. **obtusa** PARK. & JONES, 1865, N. Atlant. & Arct. Oc., Phil. Trans. 155, p. 386, t. 14, ff. 18—19.
? **Discorb. obtusa** BRADY, 1884, Chall. Rep. Zool. 9, p. 644, t. 91, f. 9 (sine striis tuberculisque).

Hab. ad Spetsbergiam metr. 40 passim in Grantia. Diam. 0.50—1.80.

PULVINULINA PARK. & JONES.

P. repanda FICHT. & MOLL.

Tab. XVI, fig. 801.

Rotaliformis, biconvexa aut subplano-convexa, facies spiralis anfractus 3 exhibens, segm. anfr. ultimi 6—10, suturis saepe sublimbatis; facies oralis nunc vestibulo magno aperturali instructa, nunc apertura coarctata umbone obtecta, suturis saepe "asterisantibus".

Faciei ambae interdum scabrae sicuti apud varietatem concameratam MONTAG.

Fig. 801: facies aboralis; *a*: facies marginalis; *b*: facies oralis, exemplum e mari Azorico.

Nautilus repandus FICHT. & MOLL., 1803, Testac. microsc., p. 35, t. 3, ff. a—d.
Pulv. repanda GOËS, 1882, Ret. Rhizop. Carib. Sea, Sv. Vet. Akad. Handl. 19, 4, p. 140, t. 8, ff. 276—282.
BRADY, 1884, Chall. Rep., p. 684, t. 104, f. 18.
 exigua BRADY, ibid., p. 696, t. 105, ff. 13—14, non sat distincta.
? **P. repanda** SHERB. & CHAPM., 1886, London Clay, Journ. R. Micr. Soc. (2) 6, t. 16, f. 18.

Hab. ad Azores insulas profund. metr. 50—90 (SMITT & LJUNGMAN). Diam. mm. 2.25.

forma affinis:

Valde limbata, saepe plus minusve scabra aut tuberculata:

P. (Rotalina) concamerata (Montagu) Williams, 1858. Rec. For. Gr. Brit., p. 52, t. 4, ff. 102—103.
Pulv. repanda var. concamerata Brady, 1884, Chall. Rep. 9, p. 685, t. 104, f. 19.

Hab. mare Anglicum.

P. punctulata d'Orb.
Tab. XVI, figg. 797—800.

Affixa, expansa, plano- aut concavo-convexa, depressa, segmentis anfr. ultimi 6—8, irregulariter inflatis; facies oralis suturis sinuatis, dentatis aut laceratis, obsolete tuberculata, interdum poris magnis instructa.

Inter congeneres maxima, juvenes suturis saepe sublimbatis. Interdum pygmaea, hyalina nitida.

Fig. 797: facies aboralis; *a*: facies marginalis; *b*: facies oralis, exempli e mari Germanico.

Fig. 798: juvenis e mari Azorico profund. metr. 600—780.

Fig. 799: e mari Germanico.

Fig. 800: pygmaea e mari Azorico profund. metr. 530.

Rotalia d'Orb., 1826, Tab. méth., Ann. Sc. nat. 7, p. 273, No. 25, Mod. 12.
Rosalina vesicularis Park. & Jones, 1857, For. Coast of Norway, A. M. Nat. H. (2) 19, p. 292, t. 10, ff. 22—24.
Pulv. repanda v. **punctulata** Park. & Jones, 1865, N. Atl. & Arct. Ocean. Philos. Transact. 155, p. 394, t. 14, ff. 12, 13.
    repanda Park. & Jones, Brady, 1866, Crag. For.: Palaeogr. Soc. 19, t. 2, ff. 22—24.
    punctulata Brady, 1884, Chall. Rep. 9, p. 685, t. 104, f. 17.

Obs. P. sacculata Park. & Jones, 1876 (A. M. Nat. H. (4) 17, p. 284, ff. 1—3) ab hac non sat distincta videtur.

Hab. in mari Germanico in Ocalinis affixa, metr. 350 nec non in sinubus Norvegicis profund. metr. 90 (Norman). Diam. 3—4 mm.

forma affines:

1. affixa planoconvexa, suturis praesertim faciei aboralis late limbatis, facies oralis umbilico saepe lobato.

A juvenibus P. punctulata nisi limbatione lata suturarum non distincta; suturis juvenum tenuiter limbatis:

P. concentrica Park. & Jones, Tab. XVI, figg. 802—803.

Fig. 802: facies aboralis; *a*: facies marginalis; *b*: facies oralis exempli e sinu Bergensium Norvegiae.

Fig. 803: e mari Azorico profund. metr. 75.

Pulv. concentrica Brady, 1864, Rhizop. Shetland, Trans. Lin. Soc. 24, p. 470, t. 48, f. 14; 1884, Chall. Rep., p. 686, t. 105, f. 1.
Uhlig, 1886, Westgaliz. Karpath. Alttertiär., Jhb. K. K. geol. Reichsanst. 36, p. 190, t. 3, ff. 3, 4.

Hab. in sinubus Norvegiae passim profund. metr. 90—180 (Lilljeborg, Norman).

P. dispansa Brady.

Tab. XVI, figg. 804—806.

Nunc affixa nunc libera, plus minusve irregulariter lobata, segmentis plus minusve irregulariter dispositis, spira obtecta verrucosa; facies oralis plerumque lævis poris magnis sparsis prædita.

Juvenes magis regulariter constructæ.

Fig. 804: magis regularis; *a*: facies marginalis; *b*: facies oralis.
Fig. 805: juvenis.
Fig. 806: valde irregularis; *a*: facies marginalis; *b*: facies oralis.

Pulv. dispansa Brady, 1884. Chall. Rep. 9, p. 687, t. 115, f. 3.

Hab. ad Azores insulas metr. 50—600 (Smitt, Ljungman). Diam. 2,25.

P. Karsteni Rss.

Tab. XVI, fig. 807.

Trochoidea, anfractibus $3^1/_2$—4, segmentis anfr. ultimi 7—8, semiamplectentibus; facies oralis convexa aut subplana, suturis rectis impressis, rare limbatis, umbone obsoleto; margine sublobato, limbato.

A *Pulv. Schreibersii* d'Orb. non sat distincta.

Fig. 807: facies aboralis; *a*: facies marginalis; *b*: facies oralis.

Rotal. Karsteni Rss. 1855, Kreide Mecklenb., Zeitschr. deut. geol. Gesellsch. 7, p. 273, t. 9, f. 6.
Pulvin. Karsteni Brady, 1864, Rhizop. Shetl., Transact. Lin. Soc. 24, p. 470, t. 48, f. 15.
    repanda var. **Karsteni** Park. & Jones, 1865, North. Atlant. & Arct. Oc., Philos. Transact. 155, p. 396, t. 14, ff. 14, 15, 17; t. 16, ff. 38—40.
    karsteni Brady, 1884, Chall. Rep. Zool. 9, p. 698, t. 105, ff. 8, 9.

Hab. in sinubus Spetsbergiæ metr. 180 passim, ad Groenlandiam metr. 20, mare Atlant. boreale metr. 270 (Lindahl). Diam. mm. 0,60—0,80.

P. elegans d'Orb.

Tab. XVI, fig. 808.

Trochoidea, plus minusve æqualiter biconvexa, marginata, anfractibus 3—4, segmentis anfract. ultimi 7—9, latere utroque sæpe umbonato, suturis planæ aut elevatæ limbatis; facies oralis sæpe stellata, apertura sæpe rima apicalis marginis segmenti ultimi.

Variat suturis non limbatis. Recens testa vitrea, hyalina, albide variegata.

Fig. 808: facies aboralis; *a*: facies marginalis; *b*: facies oralis.

Rotal. elegans d'Orb. 1826, Tab. méth., Ann. Sc. nat. 7, p. 276, No. 54.
Pulv. elegans Goës, 1882, Ret. Rhiz. Carib. Sea; Sv. Vet. Akad. Handl. 19, 4, p. 111, t. 8, ff. 283—285.
Rotalina pleurostomata Schlumbg., For. d. Golfe Gascogne, Feuille d. Jeunes natur. 13, p. 27, t. 3, f. 5.

Pulv. Partschiana Rss. 1870; v. Schlicht. t. 20, ff. 23—25, 29—31.
    partschiana, elegans Brady, 1884, Chall. Rep. 9, p. 699, t. 105, ff. 3—6.
        Brady, Park., Jones, 1887, Abrolhos Bank, Trans. Zool. Soc. Lond. 12, 7, t. 46, f. 2.
        Fornasini, 1893, For. marne messin; Mem. Accad. Sc. Instit. Bologna (5) 3, t. 2, f. 18.

Hab. mare Atlanticum boreale metr. 1,750 rara (Lindahl). Diam. mm. 0,80: ad Spetsbergiam, Groenlandiam pygmaea.

P. auricula Ficht. & Moll.

Tab. XVI, figg. 809—810.

Ovalis plus minusve elongata, inaequaliter biconvexa, compressa, saepe marginata, anfractibus $1^1/_2$—2, segmentis anfr. ultimi 7—10, segmento ultimo facie orali subventricosa, umbilicum plerumque obtegente; color saepe flavescens.

Var. segmento ultimo decurrenti spiram superante — Valvul. cordiformis Costa; ? Rotal. deformis d'Orb, etc.

Fig. 809: facies aboralis; *a*: facies marginalis; *b*: facies oralis.
Fig. 810: forma Brongniartii d'Orb.; *b*: facies oralis.

Nautilus auricula var. *α* et *β* Ficht. & Moll., 1803, Test. micror., p. 108, t. 20, ff. a—f.
Pulv. auricula Goës, 1882, Rec. Rhizop. Carib. Sea; Sv. Vet. Akad. Handl. 19, 4, p. 109, t. 8, ff. 273—275, ubi synonymia completa; Obs. Rotal. contraria Rss. 1851 (Sept. Thon. Berlin., Zrschr. deut. geol. Gesellsch. 3, p. 76, t. 5, f. 37 est forsan Bulimina quaedam; Rot. cristellarioides Rss. For. Crag. Anvers., Bullet. Acad. Belg. (2) 15, p. 154, t. 3, f. 44, est forsan Non. turgida Williams.
    oblonga Brady, 1884, Chall. Rep. 9, p. 688, t. 106, ff. 4—5.

Hab. mare Germanicum metr. 180; ad oras Norvegiae metr. 130 (Lilljeborg, Norman). Long. mm. 1.

APPENDIX.

P. Schreibersii d'Orb.

Trochoidea, subhemisphaerica, anfractibus 4—6, spira umbone hemisphaerico plerumque subobtecta; segmentis anfr. ultimi 6—8 subamplectentibus; facies oralis convexa aut subplana, suturis plerumque stellato-limbatis.

Rotalina Schreibersii d'Orb., 1846, Bass. tert. Vienne, p. 154, t. 8, ff. 4—6.
    badensis Czjzek, 1847, Haid. Naturw. Abh. 2, p. 144, t. 13, ff. 1—3.
Pulv. elegans v. **trochus** Goës, 1882, Rec. Rhizop. Carib. Sea, Sv. Vet. Akad. Handl. 19, 4, p. 112, t. 8, ff. 286—288.
    Schreibersii Brady, 1884, Chall. Rep. 9, p. 697, t. 115, f. 1.
        Brady, Park. & Jones, 1888, Abrolhos Bank, Trans. Zool. Soc. Lond. 12, 7, t. 46, f. 4.

Hab. mare Caraibicum sat frequens metr. 500—600 (Goës).

ROTALINA (Lmck.) d'Orb.

R. Beccarii Lin.

Tab. XVI, fig. 811.

Helicoidea, biconvexa aut subplano-convexa, margine rotundato, anfractibus 3—4, aufr. ultimo segmentis 8—12; facie aborali plerumque magis elevata, suturis saepe limbatis nunc impressis, nunc superficiem testae aequantibus; facie orali magis depressa, area centrali plus minusve rugosa, verrucosa, suturis irregulariter excavatis, rimosis, quasi incrustatis; umbilico valde granuloso, profundo, interdum subumbonato. Apertura, rima marginalis, suturalis.

Formae emaciatae occurrunt, rugis verrucisque faciei oralis valde obsoletis.

Fig. 811: facies aboralis; *a:* facies marginalis; *b:* facies oralis exempli magis elevati e mari Bahusiæ.

Nautilus Beccarii testae apertura obovata, anfractibus contiguis torulosis, geniculis insculptis, Lin. Syst. Nat. Ed. X, 1758, p. 710.
    Montag. 1808, Test. Brit., Supplem. p. 74, t. 18, f. 4.
Rotalia Beccarii d'Orb. (Turbinulina), 1826, Tabl. meth., Ann. Sc. nat. 7, p. 275, No. 42, Mod. 74 (deplanata).
    tortuosa, corallinarum d'Orb., 1826, ibid., No. 40, 48, Mod. 75.
Rosal. Parkinsoniana d'Orb., 1839, For. Cuba, p. 99, t. 4, ff. 25—27.
    Catesbyana d'Orb., ibid., p. 99, t. 4, ff. 22—24.
    viennensis d'Orb., 1846, Bass. tert. Vienne, p. 177, t. 10, ff. 22—24.
    Egger, 1857, Mioc. Ortenburg, Leonh. & Bronn Jhb. 1857, p. 277, t. 8, ff. 11—13.
    Amaliæ, radiata Costa, 1854, Pal. Napol. 2, p. 254, 255, t. 21, ff. 12—13.
    inflata Seg., 1862, Rhiz. Catania, Accad. Gioenia Atti (2) 18, p. 22 (separ.), t. 1, f. 6.
Rotal. punctato-granulosa Seg., 1879, For. terz. Prov. di Reggio; Atti R. Accad. Lincei (3) 6, p. 147, t. 13, f. 37.
    Beccarii Williams, 1858, Rot. For. Gr. Brit., p. 48, t. 4, ff. 90—92.
Rosal. Mackeyi Karr., 1864, Grinsand, N. Zeeland, Novar. Exped. geol. Th. 1, 2, p. 82, t. 16, f. 11.
Rotal. Beccarii Park. & Jones, 1865, N. Atl. & Arct. Oc., Phil. Trans. 155, p. 388, t. 16, ff. 29—30.
    Park. & Jones, Brady, 1866, Crag. For., Palæogr. Soc. 19, t. 2, ff. 19—21.
    Uhlig, 1883, For. rjasan'schen Ornatenthone, K. K. geol. Reichsanst. Jhb. 33, p. 773, t. 8, f. 8.
    Brady, 1884, Chall. Rep. 9, p. 704, t. 107, ff. 2—3 (ubi Synonymia vetusta reperitur).
    Wright, Chalk. For. Keady Hill; Proc. Belfast Nat. Field Club 1884—85, Append. t. 27, f. 15.

Hab. ad oras Bahusiæ metr. 2—150 frequens, diam. mm. 1.40.

R. Soldanii d'Orb.

Tab. XVI, fig. 812.

Planoconvexa plus minusve tumida, nitida, interdum submarginata, facie aborali planiuscula, spira interdum paullum elevata, saepe subumbonata, anfractibus 3—4, segmentis aufr. ultimi 8—11; facie orali saepe valde turgida elevata, umbilicata, plerumque laevi.

A Rot. orbiculari d'Orb. nisi facie orali magis tumida non diversa.

Fig. 812: facies aboralis; *a:* facies marginalis; *b:* facies oralis exempli e mari Atlant. boreali profund. metr. 1.750. Fig. supra *a:* faciem aboralem exempli alius praebens.

Rotalia (Gyroidina) Soldanii d'Orb., 1826. Tab. meth., An. Sc. nat. 7, p. 278, No. 5, Mod. 36; 1846, Rass. tert. Vienne, p. 155, t. 8, ff. 10–12.
— **umbilicata** d'Orb., 1839, Craie blanche d. Paris, Mém. Soc. géol. Fr. 4, p. 32, t. 3, ff. 4–6 (non sat distincta).
— **turgida** v. Hagenow, 1842, Rügens Kreide Verstein: Leonh. & Br. Jhb. 1842, p. 570, t. 9, f. 22.
— **conoidea** Cziz., 1847, For. Wien. Beck., Haid. naturwissen. Abh. 2, p. 145, t. 13, ff. 4–6.
— **Girardana** Rss. Sept. Thon. Berl., Zeitschr. deut. geol. Gesellsch. 3, p. 73. t. 5, f. 34; v. Schlicht, t. 20, ff. 11–13.
— **Beccarii** v. **Soldanii** Park. & Jones, N. Atl. & Arct. Oc., Phil. Trans. 155, p. 389, t. 16, ff. 31—33.
— **nitidula** Schwag, 1866, For. Kar. Nikobar: Novara Reise geol. Th. 2, 2, p. 263. t. 7, f. 110.
— **Soldanii** v. Iken, 1875, For. Cláv. Szab. Sch., p. 80, t. 9, f. 7.
— Brady, 1884, Chall. Rep. 9, p. 706, t. 107, ff. 6—7 (conf. Rotal. orbicularis (d'Orb.) ibid., t. 115, f. 6, quæ a figura, t. 107, ff. 6–7. non distinguenda est).

Hab. in Stoksund Norvegiæ metr. 140–180 (Norman); mare Atlanticum boreale metr. 1,750 (Lindahl) haud frequens.

POLYSTOMELLA d'Orb.

P. arctica Park. & Jones.

Tab. XVI, fig. 813.

Nautiloidea, disciformis, subumbonata, latere utroque subplano, margine rotundato, segmentis 8—14. Suturæ sæpe limbatæ impressæ, ostiis canaliculorum interseptalium poriformibus utrimque (interdum uniserialibus) instructæ, pontibus septalibus destitutæ; area umbilicalis ostiis sparsis provisa.

Apertura marginalis, suturalis porosa aut rima margine superno crenulata, ostiis interdum nonnullis supramarginalibus superpositis.

Fig. 813: exemplum e mari Spetsbergensi profund. metr. 150; *b:* facies marginalis.

Polystomella arctica Park. & Jones, M. S. 1864.
Brady, 1864, Rhiz. Shetl., Trans. Lin. Soc. 24, p. 474, t. 48, f. 18; 1878, Ret. Rhizop., N. Pol. Exped. 1875 –76, A. M. N. H. (5) 1, p. 437, t. 21, f. 13.
P. crispa v. **arctica** Park. & Jones, 1865, N. Atl. & Arct. Oc., Phil. Trans. 155, p. 404, t. 14, ff. 25–30.
Brady, 1884, Chall. Rep. 9, p. 735, t. 110, ff. 2–5.
Balkw. & Wright, 1885, Dublin For., Trans. R. Irish Acad. Sc. 28, p. 353, t. 13, f. 27.

Hab. mare Spetsbergicum & Groenlandicum metr. 140–180 sat frequens; ad Newfoundland et Nova Semjla. Diam. mm. 1,50.

P. sibirica Goës.

Tab. XVII, fig. 814.

Lenticularis, biconvexa plus minusve applanata, interdum subcarinata, cameris circiter 24, angustatis, umbonibus interdum circumscriptis, ostiis septalibus plerumque in binas series interdum in unam seriem dispositis; apertura poris minutis exhibita.

Fig. 814: facies lateralis; *a:* facies marginalis.

Hab. ad Nova Semjla, Matotschkin Sharr metr. 30 sat frequens (Stuxberg, Theel 1875). Diam. mm. 3–4.

P. striato-punctata (Fichт. & Moll.) Park. & Jones.

Tab. XVII, figg. 815—816.

Discoidea, lateribus subplanis, umbilicis subdepressis, interdum absentibus, umbonibus obsoletis substitutis; segmentis 8—12 subinflatis, suturis paullum impressis, pontibus septalibus brevissimis, foveolis plus minusve distinctis, interdum fere evanescentibus; apertura marginalis, suturalis, porosa aut crenulata, poris septalibus interdum additis paucis.

Testa interdum obsolete squamoso-areolata, saepe hyalina, poris magnitudine variantibus; (testa aliquando subarenacea?).

Fig. 815: hyalina; *a*: facies marginalis; *b*: in luce transeunte visa; e Gullmaren sinu Bahusiae.

Fig. 815 *c—f*: duae majores e mari Groenlandico profund. metr. 18; *c*: umbone obsolete granuloso.

Fig. 815 *g—i*: e mari Spetsbergico metr. 180—550, ostiis septalibus provisa.

Fig. 815 *k—l*: e mari N. Semjla.

Fig. 815 *m—r*: pygmaea e mari Bahusiae profund. metr. 80; *m*: superficiem areolatam praebens.

Fig. 815 *s—u*: e mari Spetsbergico.

Fig. 816: forma subarenacea? Haplophragmio similis; ex eodem loco; *a*: facies marginalis.

? **Nautilus striatopunctatus** Fichт. & Moll., 1803, Test. micr., p. 61, t. 9, ff. a—c (striata, inflata sine pontibus septalibus).
Polyst. **Počyana** d'Orв. 1839, For. Cuba, p. 55, t. 6, ff. 25—26.
Geoponus stella borealis Ehrenb. 1839, Jetzt lebende Thierarten der Kreidebild., Abh. K. Ak. Wiss. Berlin, p. 132, t. 1, ff. a—g.
Polyst. **Haurina** d'Orв. 1846, Bass. tert. Vienne, p. 122, t. 6, ff. 1—2.
? Polyst. **rugosa, obtusa** d'Orв., ibid., t. 6, ff. 3—6 (segment. 15—20).
Polyst. **Antonina, Listori** d'Orв., ibid., p. 128, t. 6, ff. 17—22.
stella borealis, gibba, venusta Schultze, 1854, Organ. Polythal., p. 66, 67, ff. 1—9.
Non. **heteropora, densepunctata**, Polyst. **subcarinata** Egger, Micr. Ortenburg. Leonh. & Bronn Jhb. 1857, p. 299—301, t. 14, ff. 19—25.
Polyst. **umbilicatula** Williams, 1858, Rec. For. Gr. Brit., p. 42, t. 3, ff. 81—82
var. **incerta** Will., ibid., t. 3, f. 82 a.
Non. **excavata** Seg., 1862, Rhizop. Catania, Atti Accad. Gioena (2) 18, t. 1, f. 1.
Polyst. **latidorsata** Rss. 1863, For. Oberburg, Steiermark, Wien. Ak. DkSchr. 23, p. 10, t. 1, f. 16.
minuta, discrepans Rss. 1864, Oberoligocan, Wien, Ak. S. Ber. 50, p. 478, t. 4, ff. 6—7.
striatopunctata Jones, Park. & Brady, 1866, For. Crag., Pal. Soc. 19, t. 2, ff. 38—39.
crispa var. **striatopunctata** Park. & Jones, 1865, N. Atl. & Arct. Or., Phil. Trans. 155, p. 402, t. 14, ff. 31—34, t. 17, f. 60.
minima Seg., 1879, For. terz. Prov. Reggio, Atti Accad. Lincei (3) 6, p. 333, t. 17, f. 38.
crispa var. **Počyana** Goës, 1882, Ret. Rhizop. Carib. Sen. Sv. Vet. Akad. Handl. 19, 4, p. 116, t. 8, ff. 301—302.
striatopunctata Brady, 1884, Chall. Rep. 9, p. 733, t. 109, ff. 22—23.
Brady, Park., Jones, 1887, Abrolhos Bank, Trans. Zool. Soc. Lond. 12, 7, t. 44, f. 17.

Hab. ad oras Sveciae, Norvegiae, Groenlandiae, Spetsbergiae frequens, metr. 2—1,700. Diam. mm. 0,30—1,40.

forma affinis:
Magis inflata aut carinata, saepe umbonata.

P. subnodosa v. Münst. (sec. Reuss), Tab. XVII, figg. 817—819.
Fig. 817: e mari Nova Semjla; *a:* facies marginalis oralis.
Fig. 818: pygmaea in typicam vergens; e mari Bahusiae Sveciae.
Fig. 819: crassa, e mari Newfoundlandico; *a:* facies marginalis oralis.

Robulina subnodosa v. Münst., Leonh. & Bronns Jhb. 1838, p. 391, t. 3, f. 64.
Nonionina splendida Boll., 1846, Geogr. dem. Ostseeländ., p. 177, t. 2, f. 15.
Polyst. subnodosa Reuss, 1855, Tert. Sch. nördl. u. mittl. Deutschl., Wien. Ak. Sitz. Ber. 18, p. 240, t. 4, f. 54.
    ixoleta Costa, 1854, Pal. Napol 2, t. 19, f. 10.
    cryptostoma, angulata, Ortenburgensis Egger, 1857, Misc. Ortenburg: Leonh. & Bronns Jhb. 1857, pp. 301, 302, t. 9, ff. 19—20; t. 15, ff. 5—9.
? **Naut. ambiguus** Ficht. & Moll., 1803, Test. micr., p. 62, t. 9, ff. d—f.
? **Polyst. subumbilicalis** Czjz., 1847, For. Wien. Beck., Haid. naturwiss. Abh. 2, p. 143, t. 12, ff. 32—33.
? **Polyst. Ungeri, flexuosa** Reuss, 1849, Neue For. Österr., Wien. Ak. Dkschr. 1, p. 369, t. 48, ff. 2—3.

Hab. ad New Foundland rara (Lindahl); Nova Semjla (Stuxberg).

P. crispa Lin.
Tab. XVII, figg. 820—821; 822.

Lenticularis, plus minusve umbonata (aliquando umbonibus destituta), margine attenuato saepe carinato; segmenta anfractus ultimi 12—24; suturis elevatis, extra marginem ut spinis plerumque prominentibus, pontibus septalibus transversis interse connectis aut subconnectis; apertura marginalis, suturalis, poris constituta.

Fig. 820: exemplum e mari Bahusiae profund. metr. 80; *a:* facies marg. oralis.
Fig. 821: exemplum e Zostera litorum Bahusiae; *a:* facies marg. oralis.
Fig. 822: inter P. crispam & striatopunctatam, e sinu Quaenang Norvegiae profund. metr. 200.

Nautilus crispus, testa apertura, semicordata, anfractibus contiguis, geniculis crenatis, Lin. Syst. nat., Ed. X, 1758, p. 709.
? Ficht. & Moll., 1803, Test. micr., p. 49, t. 4, ff. d—f, t. 5, ff. a—b (pontibus septal. omissis); Montagu, 1803, Test. Brit., p. 187, t. 18, f. 5.
Polyst. crispa d'Orb., 1826, Tab. meth., An. Sc. nat. 7, p. 283, Mod. 45.
    oweniana d'Orb., 1839, Voy. amér. merid., p. 30, t. 3, ff. 3, 4.
    Laniori d'Orb., 1839, For. Cuba, p. 54, t. 7, ff. 12—13.
    Berthelotiana d'Orb., 1839, For. Canar., p. 129, t. 2, ff. 31—32.
    ornata, crispa, ? **flexuosa** d'Orb., 1846, For. Bass. tert. Vienne, p. 125, t. 6, ff. 9—14, p. 127, t. 6, ff. 15—16 (P. flexuosa in Polyst. striatopunct. v. subnodosam Münst. vergens).
    crispa, decipiens, striolata, ornata Costa, 1854, Pal. Napoli 2, t. 14, f. 11, t. 19, ff. 13, 15—16.
    crispa Park. & Jones, 1865, N. Atl. & Arct. Oc., Phil. Trans. 155, p. 399, t. 14, f. 24; t. 17, f. 61.
    Williams, 1858, Rec. For. Gr. Brit., p. 40, t. 3, ff. 78—80 (margine spinosa).
    Carpenter, 1862, Introd. Foramf., p. 278, t. 16, f. 4 (margine spinoso).
    Brady, Chall. Rep. 9, p. 736, t. 110, ff. 6—7.

Obs. Polyst. regina, Josephinae, aculeata d'Orb., Bass. tert. Vienne, p. 129—131, t. 6, ff. 23—28, margine aculeis ornato, a typo difficillime distinguendae.

Hab. ad oras Sveciae occidentales, metr. 3—80, passim. Diam. mm. 0.80 (plerumque minuta).

NONIONINA d'Orb.

N. umbilicatula Montag.

Tab. XVII, figg. 823—824.

Nitida, interdum pellucida, nunc subdepressa, nunc paullum inflata, umbilicata aut subumbilicata, margine rotundato, segmentis 9—12, suturis vix impressis; facie septali convexa, semilunari; apertura suturali, marginali, angusta, poris mediocribus; interdum foveolis septalibus minutis provisa. Aliquando e particulis arenaceis et calcareis immixtis constructa. Haplophragmio similis.

Fig. 823: e sinu Bergensinu Norvegiæ, profund. metr. 200; *a*: facies marginalis oralis.

Fig. 824: calcareo-arenacea e Gullmaren sinu Bahusiæ profund. metr. 70.

Naut. umbilicatulus Montag, 1803, Test. Brit., p. 191, Supplem. 1808, p. 78, t. 18, f. 1.
Non. Soldanii d'Orb., 1846, Bass. tert. Vienne, p. 109, t. 5, ff. 15—16 (in N. pompilioidem vergens).
    Costa, 1854, Pal. Nap. 2, p. 201, t. 17, f. 11 (item).
    falx Czjz. 1847, For. Wien. Beck., Haid. Nat. Wiss. Abh. 2, p. 142, t. 12, ff. 30—31.
    polystoma Costa, 1854, Pal. Nap. 2, p. 206, t. 14, f. 10.
    crassula Park. & Jones, 1857, For. Norw. A. M. N. H. (2) 19, p. 286, t. 11, ff. 5—6.
    Burtonna Williams, 1858, Rec. For. Gr. Brit., p. 32, t. 4, ff. 68—69.
    bathyomphala Rss., 1862, Nordd. Hils u. Gault, Wien. Ak. S. Ber. 46, p. 95, t. 13, f. 1.
Polystom. crispa var. **umbilicatula** Park. & Jones, 1865, N. Atl. & Arct. Oc., Phil. Trans. 155, p. 405,
    t. 14, f. 42, t. 17, ff. 58—59.
Non. formosa Sig., 1879, Foram. terz. Prov. Reggia, Atti Accad. Lincei (3) 6, p. 63, t. 7, f. 6.
    umbilicatula Brady, 1884, Chall. Rep. 9, p. 726, t. 109, ff. 8—9.
    Brady, Park. Jones, 1887, Abrolhos Bank, Trans. Zool. Soc. Lond. 12, 7, t. 43, f. 19.

Hab. ad oras occidentales Sveciæ et Norvegiæ metr. 40—180 frequens, ad Spetsbergiam metr. 180—1,250 freqventissima.

N. depressula Walk. & Jacob.

Tab. XVII, figg. 825—826.

Discoidea, margine plerumque rotundato, aliquando submarginata, umbilicis haud multum aut vix excavatis subgranulosis; interdum subumbonata; segmentis 7—11—14, suturis sæpe impressis, umbilicum versus sæpe stellato — excavatis, aut sublimbatis; plerumque hyalina, poris minutis creberrimis; a Polystomella striatopunctata interdum difficile distingvenda.

Fig. 825: e mari Germanico, in formam sequentem vergens: *a*: facies later. oralis.
Fig. 826: e mari Groenlandico; *a*: facies later. oralis.

Naut. depressulus Walk. & Jac., 1798, Adams Essays microsc., p. 641, t. 14, f. 33.
Non. perforata, granosa, punctata d'Orb., 1846, Bass. tert. Vienne, p. 110, 111, t. 5, ff. 17—22.
    crassula Williams, 1858, Rec. For. Gr. Brit., p. 33, t. 3, ff. 70—71.
    affinis Rss., 1851, Sept. Thon. Berl., Zeitschr. deut. geol. Ges. 3, p. 72, t. 5, f. 32.
Polystom. crispa var. **(Non.) depressula** Park. & Jones, 1865, North Atl. & Arct. Oc., Phil. Trans. 155, p. 405, t. 14, f. 39.

Goës, 1882. Rot. Rhizop. Carib. Sea, Sv. Vet. Akad. Handl. 19, 1, t. 8, ff. 269—271.
Non. depressula Brady, 1884, Chall. Rep. 9, p. 725, t. 109, ff. 6 7.

Obs. **Nautilus incrassatus** Ficht. & Moll., 1803, Test. min., p. 38, t. 4, ff. a—c, a N. depressula non sat distinctus.

Hab. mare Germanicum metr. 180, mari Arcticum metr. 100—1,870, passim. Diam. mm. 0.10—0.45.

forma affinis:
 Suturis stellate limbatis, umbilico plerumque depresso, poris saepe quam in typica paullo majoribus.
N. stelligera d'Orb., Tab. XVII, figg. 827—828.
Fig. 827: e mari Germanico; stella umbilicali impressa, non sat typica.
Fig. 828: exemplum e Bukken sinu Norvegico.

d'Orb., 1839, For. Canar., p. 128, t. 3, ff. 1—2.
Brady, 1864. Rhizop. Shetl., Trans. Lin. Soc. 24, p. 471, t. 48, f. 19.
Polyst. crispa v. **stolligera** Park. & Jones, 1865, N. Atl. & Arct. Oc., Philos. Trans. 155, p. 404, t. 14, f. 40.
Nonionina stolligera Brady, 1884, Chall. Rep. 9, p. 728, t. 109, ff. 3—5.

Hab. ad Spetsbergiam; in Bukken sinu Norvegico metr. 260—350 (Norman) minuta; mm. 0.30—0.40.

N. Boueana d'Orb.
Tab. XVII, fig. 829.

Late ovalis aut elliptica, compressa, margine subacuto, umbilico vix excavato, interdum tenue granulato; segmentis anfractus ultimi 12—16; suturis saepe impressis paullum excavatis aut obsolete stelligeris. A sequente non sat limitanda.
 Fig. 829: exemplum e mari Atlantico profund. metr. 1,240; a: facies marg. oralis.

d'Orb., 1846, Bass. tert. Vienne, p. 108, t. 5, ff. 11 12.
Brady, 1884. Chall. Rep. 9, p. 729, t. 109, ff. 12—13.

Obs. **Non. Boueana** Rss, 1863, For. Crag d'Anvers, Bullet. Ac. Belg. (2) 15, p. 156, t. 3, ff. 47 48 inter hanc et sequentem medium tenet.

Hab. mare Atlanticum lat. 48 boreali longitud. occident. 40 metr. 1,240 passim (Jandahl). Diam. mm. 0.65.

N. scapha Ficht. & Moll.
Tab. XVII, fig. 830.

Elongate aut late elliptica, compressa aut inflata, margine obtuse cuneato; segmentis 9—12, rare 15, ultimis raptim increscentibus, elongatis aut latis, tumidis; plerumque vix umbilicata, suturis interdum crenatis; (testa arena aliquando immixta?)
 Figg. 830—830 a: exempla e sinu Gulmaren Bahusiae.
 ? Fig. 831: tenue arenacea. Haplophragm. cassidi aliquantum similis, e mari Groenlandico profund. metr. 40.

Naut. scapha FICHT. & MOLL., 1803, Test. micr., p. 105, t. 19, ff. d—f (in N. Boueanum D'ORB. vergens).
Non. Gratoloupi, Sioanoi, Brownii D'ORB., 1839, For. Cuba, p. 46, t. 6, ff. 6—7, 18—18 bis; t. 7, ff. 22—23.
  communis D'ORB., 1846, Bass. tert. Vienne, p. 106, t. 5, ff. 7—8.
    PARK. & JONES, 1857, For. Coast Norway, A. M. N. H. (2), 19, p. 287, t. 11, ff. 7—8.
  labradorica PARK. & JONES, BRADY, 1866, Crag. For., Pal. Soc. 19, t. 2, ff. 14—45.
Pullenia communis v. HTKN., 1875, For. Clav. Száb. Sch., p. 59, t. 10, f. 10.
?**Non. Fransana** GUMB., 1862, Streitberg Schwanndager, Jahresh. Württemb. naturwiss. Vereins 1862, p. 233, t. 4, f. 5.
Polystom. crispa var. **Scapha** PARK. & JONES, 1865 (ex partet), N. Atl. & Arct. Oc., Phil. Transact. 155, p. 404, t. 14, f. 38.
  crassula v. **Scapha** GOES, 1881, Ret. Rhiz. Carib. Sea, Sv. Vet. Akad. Handl. 19, 4, p. 114, t. 8, ff. 299—300.
Non. Scapha BRADY, 1884, Chall. Rep. 9, p. 730, t. 109, ff. 14—15.
  labradorica DAWS., 1860, Canad. Natur., p. 192, f. 4; 1871, Gulf & River St. Lawrence A. M. N. H. (1) 7, p. 86, f. 5 (brevis inflata).

Hab. ad oras Sveciæ et Norvegiæ metr. 30—180 frequens; in mari Arctico profund. metr. 180—2,200 vulgaris. Diam. mm. 0.90.

forma affinis:

  segmentis ultimis valde elongatis, ultimo sæpe inæquilaterali, spiram fere obtegente:
  N. turgida WILLIAMS, Tab. XVII, fig. 832.
  Fig. 832: exemplum e sinu Codano profund. metr. 230.

Rotalina turgida WILL., 1858, Rec. For. Gr. Brit., p. 50, t. 4, ff. 95—97.
?**Rotalia cristellarioides** Rss., 1863, Crag. d'Anvers, Bull. Ac. Belg. (2) 15, p. 154, t. 3, f. 44.
Polystom. crispa v. (**Non.**) **turgida** PARK. & JONES, 1865, N. Atl. & Arct. Or., Phil. Trans. 155, p. 405, t. 17, f. 57.
Non. turgida BRADY, 1884, Chall. Rep. 9, p. 731, t. 109, ff. 17—19.

Hab. sinum Codannm profund. metr. 100—230 rara; Bakken sinum Norvegicum metr. 260—350 (NORMAN). Diam. mm. 0.50—0.40.

OPERCULINA D'ORB.
O. ammonoides GRONOV.
Tab. XVII, fig. 833.

  Planospiralis, complanata, sæpe obtuse- aut truncato-marginata, area umbilicali leniter impressa, anfractibus internis nunc exhibitis, nunc subobtectis; anfractibus 3, segmentis anfr. ultimi numero 9—13, sæpe paullum inflatis, angulo interno sæpe calloso, emarginato aut inciso; suturis plerumque impressis, aut impresse-limbatis.
  Fig. 833: anfractibus internis non obtectis; *a:* facies marg. oralis, exempli e Gullmaren Bahusiæ metr. 75.
  Fig. 833 *b, a:* anfractibus internis umbilico subobtectis; ex eodem loco.
  Fig. 833 *c:* exempl. e Farsund Norvegiæ metr. 75.

Naut. ammonoides GRONOV., 1781, Zoophylac. Gronov., p. 282, t. 19, ff. 5—6.
  balthicus SCHRŒT., 1783, Vollst. Einleitung, Gesch. Steine u. Versteiner. 1, p. 20, t. 1, f. 2.
Operc. complanata PARK. & JONES, 1857, For. Coast. Norw., A. M. N. H. (2) 19, p. 285, t. 11, ff. 3—4.

Non. elegans Will., 1858, Rec. For. Gr. Brit., p. 35, t. 3, ff. 71—75.
Nummulina perforata var. (Operc.) **ammonoides** Park. & Jones, 1865, N. Atl. & Arct. Oc., Phil. Trans. 155, p. 398, t. 14, f. 44; t. 17, ff. 62—63.
Operculina ammonoides Brady, 1884, Chall. Rep. Zool. 9, p. 745, t. 112, ff. 1, 2.

Hab. ad oras occidentales Sveciæ et Norvegiæ profund. metr. 70—260 sat frequens. Diam. mm. 0.50—0.85.

CORNUSPIRA M. Schultze.
C. foliacea Phil.
Tab. XVIII, fig. 834.

Planospiralis, valde applanata, anfractibus internis permumerosis, tenuissimis, sequentibus plus minusve raptim latitudine increscentibus, sequentibus praecedentes haud multum aut vix amplectentibus, lineis plicisque transversis, arcuatis instructis; parte tubi plus matura sæpe longitudinaliter striata aut rugosa; apertura obovata aut rima longa, tubo toto patente; margine interno sæpe ex parte canaliculato aut fisso.

Figg. 834—834 c; exempla e mari Groenlandico; a, c; facies marg. oralis.

Fig. 834 d—e; lentius increscens, e mari Spetsbergensi; e; facies marg. oralis.

Orbis foliaceus Phil., 1844, Moll. Sicil. 2, p. 147, t. 24, f. 26.
Operculina striata, plicata Czjz., 1847, For. Wien. Beck., Haid. Nat. Wiss. Abh. 2, p. 146, t. 13, ff. 10—13.
Cornuspira planorbis Schultze, 1854, Organ. Polythal., p. 40, t. 2, f. 21.
Operculina ammonitiformis Costa, 1854, Pal. Nap. 2, p. 209, t. 17, f. 16.
Spirillina foliacea Will., 1858, Rec. For. Gr. Brit., p. 91, t. 7, ff. 199—201.
Cornuspira foliacea Reuss, 1865, Deutsch. Septarienth., Wien. Ak. DkSchr. 25, p. 121, t. 1, ff. 8—9.
    Park. & Jones, 1865, N. Atl. & Arct. Oc., Phil. Trans. 155, p. 408, t. 15, f. 33.
    Jones, Park., Brady, 1866, For. Crag., Pal. Soc. 19, p. 2, t. 3, ff. 50—51.
    Goës, 1882, Ret. Rhizop. Carib. Sea, Sv. Vet. Akad. Handl. 19, 4, p. 120, t. 9, f. 308.
    Brady, 1884, Chall. Rep. 9, p. 199, t. 11, ff. 5—9.
    Reuss, 1870, v. Schlicht, Sept. Thon. Pietzpuhl, t. 35, ff. 11—12.

Hab. ad oras Scandinaviæ, Groenlandiæ, Spetsbergiæ profund. metr. 10—530, haud rara. Diam. mm. 3—4.

forma affines:

    1. margine anguste carinato.

C. carinata Costa.
Operculina carinata Costa, 1854, Pal. Nap. 2, p. 209, t. 17, f. 15.
C. Bornemanni Rss., 1863, Sept. Thon. Offenbach, Wien. Ak. S. Ber. 48, p. 39, t. 1, f. 3.
    carinata Brady, 1884, Chall. Rep. 9, p. 201, t. 11, f. 4.

Hab. in sinubus Norvegiæ passim (Sars, Norman).

    2. minus compressa, anfractibus fere teretibus, quoque suum praecedentem ex parte amplectente.

C. involvens, Rss.
Operculina involvens v. Rss., 1849, Neue Foramf. Österreichs., Wien. Ak. DkSchr. 1, p. 370, t. 46, f. 20.
Cornuspira involvens Rss., Sept. Thon. Offenbach, Wien. Ak. S. Ber. 48, p. 39, t. 1, f. 2.

Cornuspira involvens Park. & Jones, Brady, 1866, Crag. For., Pal. Soc. 19, p. 3, t. 3, ff. 52—54.
  polygyra v. Hken, 1875, Clávni. Szabói Sch., Mitthed. a. d. Jhb. K. Ungar. geol. Anst. 4, p. 19, t. 1, f. 11, t. 2, f. 1.
  Brady, 1884, Chall. Rep. 9, p. 200, t. 11, ff. 1—3.

Hab. mari Arctico et Norvegico passim, profund. metr. 30—180; pygmaea.

C. striolata Brady.

Tab. XVIII, fig. 835.

Anfractibus paucis raptim latitudine increscentibus, quare forma flabelliformis adulturum, plus minusve plicato-striata aut rugoso-squamosa; striis verticalibus saepe obsoletis; juvenes a var. involvente Rss saepe vix discernendae; megasphaerica forsan typicae; inter congeneres maxima.

Fig. 835: magnitudine naturali delineata; e mari Sibirico.

Cornuspira striolata Brady, 1884, Chall. Rep. 9, p. 202, t. 113, ff. 18—19.

Hab. mare Sibiricum profund. metr. 150 (Dom. Theel, Stuxberg). Diam. mm. 35.

SPIROLOCULINA d'Orb.

S. planulata Lamck.

Tab. XVIII, figg. 836—836 c.

Elliptica, utrinque excavata, margine truncato aut rotundato, cameris planis limbo destitutis; apertura subquadrata aut ovalis lingula simplici aut furcata plerumque instructa.

Fig. 836: angusta, typica, e sinu Bergensium Norvegiae, 20 metr.

Fig. 836 b: in limbatam transiens; e Gullmaren Bahusiae metr. 40.

Miliolites planulata Lamck., 1805, Ann. Mus. 5, p. 352.
Spir. depressa, perforata, rotundata d'Orb., 1826, Ann. Sc. nat. 7, p. 298—299, No. 1, 2, 14. Mod. 92.
  badenensis, dilatata d'Orb., 1846, Bass. tert. Vienne, pp. 270, 271, t. 16, ff. 13—18.
  depressa var. **rotundata** Will., 1858, Rec. For. Gr. Brit., p. 82, t. 7, f. 178.
  Freyeri Reuss, 1863, Oberburg. Steiermk, Wien. Ak. Sitz. Ber. 23, p. 7, t. 1, f. 9.
  planulata Brady, Park. & Jones, 1866, For. Crag., Pal. Soc. 19, p. 16, t. 3, ff. 37—38.
Mil. planulata Park. & Jones, 1865, N. Atl. & Arct. Oc., Phil. Trans. 155, p. 408, t. 17, f. 82.
Spir. planulata Brady, 1884, Chall. Rep. 9, p. 148, t. 9, f. 11.
  Brady, Park. & Jones, 1887, Abrolhos Bank, Trans. Zool. Soc. Lond. 12, 7, p. 214, t. 40, ff. 14—15.

forma affinis:

margine limbato, suturis prominentibus, a typica vix limitanda; nec a Spirol. excavata d'Orb. Bass tert. Vienne, p. 271, t. 16, ff. 19—21 distincta:

S. limbata d'Orb. Tab. XVIII, fig. 837.

Fig. 837: e mari Azorico profund. metr. 70.

d'Orb., 1826, Ann. Sc. nat. 7, p. 299, No. 12.
Spir. limbata Bornem., 1855, Sept. Thon Hermsd., Zeitschr. deut. geol. Gesellsch. 7, p. 348, t. 19, f. 1.
    depressa Williams, 1858, Rec. For. Gr. Brit., p. 82, t. 7, f. 177.
    limbata Rss. 1863, Sept. Thon. Kreuznach, Wien. Ak. S. Ber. 48, p. 64, t. 8, f. 89.
Mil. (Spirol.) limbata Park. & Jones, 1865, Phil. Trans. 155, p. 409, t. 17, f. 83.
Spir. limbata Brady, 1884, Chall. Rep. 9, p. 150, t. 9, ff. 15–17.

Hab. ad oras Scandinaviæ profund. metr. 10—70 passim.

MILIOLINA (Lamck.) Williams.
M. seminulum Lin.
Tab. XVIII, figg. 838–838 n; Tab. XIX, figg. 840–843.

Oblonga aut subrotundata, compressa aut plus minusve inflata, plerumque nitida, sectione transversa trigona aut triloba; apertura ovata aut subcirculari aut reniformi, lingua bifurcata aut simplici instructa. Segmenta apparentia 3—4, rare 5.

Fig. 838 a, b; e mari Groenlandico profund. metr. 296; b; facies ovalis; c, d; sectiones transversæ, dispositionem segmentorum "Sigmoilinæ" præbentes.

Fig. 838 e, f, g; magis triangularis; e mari Azorico profund. metr. 1,780.

Fig. 838 h, i, k; in variet. Auberianam vergens, ex Atlantico boreali profund. metr. 150.

Fig. 838 l, m, n; magis orbicularis, tumida, e mari Bahusiæ profund. metr. 35.

Tab. XIX, fig. 210; e Koster fretis insularum Bahusiæ profund. metr. 2.

Fig. 841; valde inflata fere IV loculina, ex Atlantico boreali, profund. metr. 330.

Fig. 842; valde obliquata, e Skagerack, profund. metr. 700—850.

Fig. 843; in subrotundam transiens; e mari Groenlandico profund. metr. 110.

Serpula seminulum testa regulari ovali, libera, glabra Lin., 1758, Syst. Nat. Ed. X. 1, p. 786.
Synonymiam ceteram vide apud Goës, 1882, Ret. Rhizop. Carib. Sea, sv. Vet. Akad. Handl. 19, 4, p. 124 b) et p. 187 d) partim. et Brady, 1884, Chall. Rep. 9, p. 157, t. 5, f. 6.
Quinqueloc. seminulum (d'Orb.) Schlum., 1893, Mil. golfe Marseille, Mém. Soc. Zool. France 6, p. 208, t. 4, ff. 80—84.

Hab. ad litora Scandinaviæ occidentales et Arctica profund. metr. 2—800 frequens; long. mm. 2.50; nec non mare Balticum (pygmæa) passim.

formæ affines:

1. triloculina plus minusve tumida; a formis larvalibus Mil. (Biloc.) simplicis difficile distincta.

M. inornata d'Orb., Tab. XVIII, fig. 839.
Triloculina inornata d'Orb., 1846, Bass. tert. Vienne, p. 279, t. 17, ff. 16–18.
Triloc. pyrula Karr., 1867, For. Osterreichs, Wien. Ak. S. Ber. 55, p. 359, t. 2, f. 7.
Triloc. decipiens Reuss, 1849, Neue For., Wien. Ak. DkSchr. 1, 1, p. 382, t. 49, f. 8.

Hab. extra Väderöarne insulas Bahusiæ profund. metr. 50.

2. segmentis acutangulis aut carinatis, a typo non sat distincta; saepe lata suborbicularis:

M. Auberiana d'Orb., Tab. XIX, figg. 844–847 c.

Fig. 844 a, b: minus carinata, e mari extra Väderöarne insulas Bahusiae profund. metr. 45.

Fig. 844 c, d, e: magis carinata, medio impresso, ex eodem loco.

Quinqueloc. **Auberiana** d'Orb., 1839, For. Cuba, p. 193, t. 12, ff. 1–3.
   Gualteriana, Lamarckiana, Cuveriana d'Orb., ibid., p. 189, 190, t. 11, ff. 14–15, 19–21.
   Buchiana, Ungeriana, Partschii, peregrina d'Orb., Foss. tert. Vienne, p. 277, 289, 291, 292, t. 18, ff. 10–12, 22–24, t. 19, ff. 1–6.
> Triloc. **anceps** Rss. 1849, Neue For. Österr. Wien. Ak. DkSchr. 1, p. 363, t. 49, f. 11 (complanata).
Quinqueloc. **inaequalis** d'Orb., 1839, For. Canaries, p. 142, t. 3, ff. 28–30.
Mil. **seminulum** var. Goës, 1882, Ret. Rhizop. Carib. Sea, Sv. Vet. Akad. Handl. 19, 4, t. 9, ff. 346–347.
  auberiana, cuveriana Brady, 1884, Chall. Rep. 9, p. 162, t. 5, ff. 8–9, 12.

Hab. ad oras occidentales profund. metr. 50 rara. Long. mm. 0.50.

3. segmentis angulatis, oblonga:

M. Candeiana d'Orb., Tab. XIX, fig. 845.

Fig. 845: exemplum non sat acute-carinatum e mari Atlantico boreali.

Quinqueloc. **Candeiana** d'Orb., 1839, For. Cuba, p. 199, t. 12, ff. 24–26.
Quinqueloc. **Candeiana, Kochi** Rss. 1855, Kreidegeb. Mecklenburg, Zeitschr. deut. geol. Ges. 7, p. 289, t. 14, ff. 6–7.
   longirostra d'Orb., 1846, Foss. tert. Vienne, p. 291, t. 18, ff. 25–27.
> **venusta** Karr. 1868, Mioc. Kostej, Wien. Ak. Sitz. Ber. 58, p. 147, t. 2, f. 6.
> Brady, 1884, Chall. Rep. 9, p. 162, t. 5, ff. 3, 7.
> Triloc. **carinata** Pnr. 1847, Tert. Verstein. n. w. Deutschl., t. 1, f. 36.

Hab. mare Atlant. lat. bor. 51° profund. metr. 400, rara (Lindahl).

4. disciformis suborbicularis aut transverse subovata, subplana, margine rotundato; apertura saepe magna semilunata aut triangularis lingua minuta aut obsoleta; segmentis saepe irregulariter dispositis, ultimis ambobus margine orali interse saepe distantibus. Triloculina suborbicularis d'Orb., 1839, For. Cuba, p. 177, t. 10, ff. 9–11 huc forsan referenda, forma striolata.

M. subrotunda Walk. & Boys., Tab. XIX, figg. 846–847 a–h.

Fig. 846: inter seminulum et subrotundam, e Hällö Bahusiae, profund. metr. 50.

Fig. 847 a–h: formae variae e mari Bahusiae et mari Atlantico boreali e profundis parvis.

Serpula **subrotunda** Walk. & Boys, 1784, Test. min., p. 2, t. 1, f. 4.
Vermic. **subrotundum** Montag. 1803, Test. Brit. 2, p. 521.
Quinqueloc. **subrotunda** d'Orb. 1826, Tab. méth., An. Sc. nat. 7, p. 302, No. 36.
  dilatata d'Orb., 1839, For. Cuba, p. 192, t. 11, ff. 28–30.
    Schlum., 1893, Miliol. Golfe de Marseille, Mem. Soc. Zool. France 6, p. 217, t. 3, ff. 70–74, t. 4, ff. 89–90.
  meridionalis d'Orb., 1839, Voy. Amér. merid. 5, p. 75, t. 4, ff. 1–3, 10–15.
Mil. **subrotunda** Park. & Jones, 1865, N. Atl. and Arct. Or., Phil. Trans. 155 p. 411, t. 15, f. 38.
Triloc. **truncata** Karr. 1864, Leytakalk Wien. Beck., Wien. Ak. Sitz. Ber. 50, p. 704, t. 1, f. 2.
> **dilatata** Karr. 1868, Mioc. Kostej, Wien. Ak. S. Ber. 58, p. 139, t. 2, f. 1.

Miliol. subrotunda Brady, 1884, Chall. Rep. 9, p. 168, t. 5, ff. 10—11.
? **Quinqueloc. implexa** Terq., 1886, For. et Ostrac. d'Islande, Bull. Soc. Zool. France, 1886, p. 335, t. 11, ff. 24—26.
Mil. subrotunda Wright, 1885, For. Belfast, Proc. Belf. nat. Field Club. 1885—86, Append. t. 29, f. 6.

Hab. ad oras occidentales Scandinaviæ profund. metr. 0.5—260; mare Arcticum profund. metr. 20—280 ubique sat frequens. Diam. mm. 0.50—1.25.

5. testa arena incrustata colore brunneo-hepatico, plerumque magis complanata, segmentis teretiusculis; suturis sæpe fere obsoletis, margine rotundato aut subtruncato aut obtuse angulato. Speciem formamque quamque suam formam agglutinantem habere est expectandum.

M. agglutinans Park. & Jones, Tab. XIX, figg. 848—848 *l*; Tab. XX, fig. 849.
Figg. 848—848 *e*: ex arena minus grandi constructæ, e mari Groenlandico profund. metr. 130—410.
Fig. 848 *f—h*: pauperata, e mari Baltico; an — fusca Brady.
Figg. 848 *i—l*: e mari Spetsbergico profund. metr. 180; in contortam vergens.
Tab. XX, fig. 849: e mari Norvegico profund. metr. 90—180.

Mil. (Quinqueloc.) agglutinans Park. & Jones, 1865, N. Atl. & Arct. Oc., Phil. Trans. 155, p. 410, t. 15, f. 37.
Obs. Quinqueloc. agglutinans d'Orb., 1839, For. Cuba, p. 168, t. 12, ff. 11—13, apertura dentata a nostra distincta, quare nomen formæ nostra in "arenaceum" melius sit transmutandum. M. fuscæ Brady, 1870, For. tidal. Riv., Ann. M. N. H. (4) 6, p. 286, t. 11, f. 2, exempla a Dom. Cel. Jos. Wright benigne communicata a nostra non specifice distincta.
Quinqueloc. foeda Reuss, 1849, Neue For. Osterr., Wien. Ak. DkSchr. 1, p. 381, t. 50, ff. 5—6.
? **Miliolina seminulum** Goës, 1881, Ret. Rhizop. Carib. Sea. Sv. Vet. Akad. Handl. 19, 4, t. 9, ff. 319—320.
agglutinans Brady, 1884, Chall. Rep. 9, p. 180, t. 8, ff. 6—7 (magis rudis).
Balkw. & Wright, 1885, Rev. Dubl. For., Trans. Roy. Irish. Acad. Sc. 28, p. 325, t. 13, ff. 1—3 (magis rudis).
Morris, 1880, For. Mauritius, p. 77, t. 3, ff. 4—8.
Brady, Park. & Jones, 1888, Abrolhos Bank, Trans. Zool. Soc. Lond. 12, 7, t. 40, ff. 34—35.

Hab. mare Arcticum metr. 100—350 passim; ad oras Sveciæ et Norvegiæ metr. 90—180 minus frequens; mare Balticum (pygmæa) passim. Long. mm. 1.30.

6. plus minusve elongata, plerumque tri-quadriloculina, a Miliolina ringente var. elongata d'Orb. interdum difficulter distingvenda.

M. oblonga Montag. Tab. XX, figg. 850—850 *f*.
Fig. 850: e mari Bahusiæ.
Fig. 850 *c*: apertura coarctata exempli alius.
Figg. 850 *d*—850 *f*: e sinu Bergensi Norvegico.

Vermiculum oblongum Mont., 1803, Testac. Brit., p. 522, t. 14, f. 9.
Triloc. oblonga d'Orb., 1826, Tab. meth., An. Sc. nat. 7, p. 300, Mod. 95.
Vide præterea Goës, Ret. Rhizop. Carib. Sea. Sv. Vet. Akad. Handl. 19, 4, p. 124 (ubi Quinqueloc. tenuis Czjz. est secernenda).
Miliolina oblonga Brady, 1884, Chall. Rep. 9, p. 160, t. 5, f. 4.
? **Triloc. lævigata** (d'Orb.) Schlum., 1893, Mil. golfe Marseille, Mem. Soc. Zool. France 6, p. 205, t. 1, ff. 45—47.

Hab. ad oras Sveciæ occidentales et Norvegiæ profund. metr. 20—50 passim. Long. mm. 1.50.

7. segmentis margine truncatis, aut obtuse carinatis aut rotundate truncatis; segmento antepenultimo projecto angulato aut carinato; testa plerumque opaca, grisea sabulo tenui intermixto constructa; interdum tamen albida subnitida, lævis. Formæ magis inflatæ a M. seminulo difficile distinguendæ:

M. contorta d'Orb., Tab. XX, figg. 851–852.

Fig. 851 *a, b:* e mari Groenlandico profund. metr. 100.

Fig. 851 *c:* magis tumida (interdum tamen submarginata) e mari Atlantico extra Lusitaniam profundo ignoto.

Fig. 852: intermediæ aut angulatæ Karrer proxima e mari extra Väderöarne insulas Bahusiæ profund. metr. 50.

Quinqueloc. **contorta** d'Orb., 1846, Bass. tert. Vienne, p. 298, t. 20, ff. 4—6.
    Juleana, Rodolphina, Badenensis d'Orb., 1846, ibid., p. 298, 299, 300, t. 20, ff. 1—3, 7–12.
    latidorsata Rss. 1849, Neue For. Österr., Wien. Ak. DkSchr. 1, p. 386, t. 50, f. 12.
    kostejana, sclerotica Karr., 1868, Mioc. Kostej., Wien. Ak. Sitz. Ber. 58, p. 152, t. 3, ff. 4—5.
    ? **bidentata** d'Orb., 1839, For. Cuba, p. 197, t. 12, ff. 18–20.
    ? **opaca** Rss., Sept. Thon. Offenbach, Wien. Ak. S. Ber. 48, p. 42, t. 2, f. 9.
    ? **Bertholetiana** d'Orb., 1839, For. Canaries, p. 142, t. 3, ff. 25–27.
    ? **ovata** (Roemer), Reuss, 1855, Tert. Sc. nördl. u. mittl. Deutschl., Wien. Ak. S. Ber. 18, p. 252, t. 9, f. 88.
Mil. sclerotica Balkw. & Millett, 1884, For. Galway, Journ. micr. & nat. Sc. 3, t. 1, f. 2.
? **Massilina annectens** Schlumb., 1893. Mil. golfe Marseille, Mém. Soc. Zool. France 6, p. 220, t. 3, ff. 77—79.
? **Quinqueloc. rugosa** Schlumb., ibid., p. 210, t. 4, ff. 91—93.

* gibba:

Triloc. **angulata** Karr., 1867, Foraminifauna Österreichs Wien. Ak. Sitz. Ber. 55, p. 359, t. 2, f. 6.
    intermedia Karr., 1868, Mioc. Kostej., Wien. Ak. Sitz. Ber. 58, p. 138, t. 1, f. 11.

Hab. ad oras occidentales Sveriæ rara metr. 50–70; Groenlandiæ metr. 100; Spetsbergiæ metr. 25.

8. magis applanata, margine plerumque excavato-truncato; a præcedente vix distinguenda:

M. concava Reuss, Tab. XX, fig. 853.

Fig. 853: e Kilsund Norvegiæ profund. metr. 60.

Quinqueloc. **concava** Reuss, 1849, Neue For. Österr., Wien. Ak. DkSchr. 1, 1, p. 386, t. 51, f. 2.
    excavata Karr., 1868, Mioc. For. Fauna Kostej, Wien. Ak. S. Ber. 58, p. 148, t. 2, f. 9.
    ? **bicarinella** Reuss, 1869, Oligocän Gaas, Wien. Ak. S. Ber. 59, p. 451, t. 1, f. 6.

Hab. in Kilsund Norvegico sinu profund. metr. 60—70 rara.

APPENDIX.

9. segmento antepenultimo etiam truncato valde prominente; interdum obsolete striata, a præcedente vix discernenda; opaca:

M. polygona d'Orb., Tab. XX, figg. 854–854 *g.*

Fig. 854 *a, b:* e mari Caraibico profund. metr. 580.
Fig. 854 *c, d:* sectiones transversae.
Fig. 854 *e, f, g:* obsolete striata, ex eodem loco.

Quinqueloc. polygona D'ORB., 1839, For. Cuba, p. 198, t. 12, ff. 21—23.
? **Triloc. quadrilatera** D'ORB., ibid., p. 173, t. 9, ff. 14—16.
Mil. seminulum var. GOËS, 1882, Ret. Rhizop. Carib. Sea, Sv. Vet. Akad. Handl. 19, 4, t. 9, ff. 353—354.

Hab. mare Caraibicum profund. metr. 500 rara (Goës). Long. mm. 1.40.

10. segmentis ultimis ambobus truncatis aut emarginatis, singulis costis (aut alis) binis-trinis praeditis; segmentis ceteris etiam saepe carinatis aut alatis:
M. bicostata D'ORB., Tab. XX, fig. 855 *a, b.*
Fig. 855 *a:* e mari Caraibico profund. metr. 500.
Fig. 855 *b:* facies oralis alius, alis paucioribus.

Quinqueloc. bicostata D'ORB., 1839, For. Cuba, p. 195, t. 12, ff. 8—10 (costata, nec ut nostra alata).
Mil. seminulum var. GOËS, 1882, Ret. Rhizop. Carib. Sea, Sv. Vet. Akad. Handl. 19, 4, t. 9, ff. 351—352.

Hab. mare Caraibicum profund. metr. 500 rara (GOËS). Long. mm. 1—1.10.

M. secans D'ORB.

Tab. XX, figg. 856—856 *g.*

Plerumque late aut interdum elongate ovalis, complanata, margine attenuato interdum subcarinato, segmentis latis, saepe transversim undulato-subplicatis.
Fig. 856—856 *d:* e mari Bahusiae profund. metr. 55.
Fig. 856 *a, e, f:* aperturae formis variis.
Fig. 856 *g:* sectio transversa.

? **Quinqueloc. secans** D'ORB., 1826, Tabl. méth., An. Sc. nat. 7, p. 303 (figura Soldanii a D'ORB. citata Mil. bicornem var. angulatam WILLIAMS potius exhibens); Mod. 96.
? **vulgaris** D'ORB., ibid., p. 302.
Haidingeri D'ORB., 1846, Bass. tert. Vienne, p. 289, t. 18, ff. 13—15.
secans ROEM., 1838, Leonh. u. Bronns Jhb. 1838, p. 393, t. 3, f. 77.
Miliolina seminulum v. **disciformis** WILL., 1858, Rec. For. Gr. Brit., p. 86, t. 7, ff. 188—189.
? **Quinqueloc. scidula** KARR., 1867, For. Österreichs, Wien Ak. Sitz. Ber. 55, p. 361, t. 3, f. 1.
Miliolina secans BRADY, 1884, Chall. Rep. 9, p. 167, t. 6, ff. 1—2.
Sigmoilina secans SCHLUMBERG., 1887, Note sur le genre Planispirina, Bull. Soc. Zool. France 12, p. 118.
Massilina secans SCHLUMB., 1893, Mil. golfe Marseille, Mém. Soc. Zool. France 6, p. 218, t. 4, ff. 82—83.

formae affines:

1. Oblonge ovalis, applanata, obtuse marginata, striolata; striis saepe valde obsoletis.
M. elegans WILLIAMS, Tab. XX, fig. 857.
Fig. 857: e mari extra Hallö insulam Bahusiae profund. metr. 50.

Mil. bicornis v. **elegans** WILL., 1858, Rec. For. Gr. Brit., p. 88, t. 7, f. 195.
? **Quinqueloc. Soldanii** D'ORB., 1826, Tabl. méth., An. Sc. nat. 7, p. 303.

Hab. ad oras Bahusiae minus frequens, inter secantem vivens.

2. laevis aut obsolete ex parte striolata, nunc compressa, nunc subtrigona, margine segmentorum subtruncato, interdum angulis subplicatis; collo interdum paullum producto.

Inter Mil. secantem et bicornem medium tenet, cum quibus convivens, a quibus difficillime limitanda; ad M. Ferusacii d'Orb., cui valde propinqua, ab auctoribus forsan saepe relata.

M. angulata Will. Tab. XX, fig. 858. Tab. XXI, figg. 859–859 c.

Fig. 858: in secantem vergens, extra Hallö insulam Bahusiae profund. metr. 50.
Tab. XXI, figg. 859–859 c: exempla duo e sinu Bergensium Norvegiae profund. metr. 18.

Mil. bicornis v. angulata Will., 1858, Rec. For. Gr. Brit., p. 88, t. 7, f. 196.
Quinqueloc. undosa Karr., 1867, For. Österreichs, Wien, Ak. Sitz. Ber. 55, p. 361, t. 3, f. 3.
Mil. (Quinqueloc.) Ferusacii Parr. & Jones, 1865, N. Atl. and Arct. Oc., Phil. Trans. 155, tab. 15, f. 36.
— undosa Brady, 1884, Chall. Rep. 9, p. 176, t. 6, ff. 6–8.
— seminuda Reuss, 1865, For. deutsch. Sept. Thon., Wien. Ak. DkSchr. 25, p. 125, t. 1, f. 11.

Hab. ad Hallö Bahusiae, ad Bergen Norvegiae profund. metr. 20–50 rara. Long. mm. 1.80–1.20

M. bicornis Walk. & Boys.

Tab. XXI, figg. 860–861 c.

Ovalis, sectio transversa elliptico-carinata, aut compressa margine truncato, aut trigona, collo nunc producto, nunc abbreviato, apertura nunc circulari nunc triangulari, nunc angusta, elongata; testa plus minusve complete striolata aut subcostata, striolis saepe undulatis.

Mil. secanti interdum valde propinquans.

Fig. 860, a, b: tenuissime-obsolete striata, var. "eleganti", cnfr. fig. 857, valde propinqua, e Kilsand Norvegiae profund. metr. 60.

Fig. 861, a, b: ex parte striata, e mari extra Hallö Bahusiae metr. 50.
Fig. 861, c, d, e: e mari Azorico profund. metr. 80.

Serpula bicornis Walk. & Boys, 1784, Test. min., p. 1, t. 1, f. 2.
Triloc. tricostata, Brongniartii d'Orb., 1826, Tab. méth., An. Sc. nat. 7, p. 300; Quinqueloc. seminulum, Soldanii d'Orb., ibid. p. 303.
Triloc. Gualteriana d'Orb., 1839, For. Cuba, p. 170, t. 9, ff. 5–7.
— flexuosa d'Orb., 1839, Voy. Amer. mer. 5, p. 73, t. 4, ff. 4–6.
Quinqueloc. nussdorfensis, striatella, obsoleta Costa, Pal. Nap. 2, p. 326, 328, t. 25, f. 14, t. 26, ff. 3–4.
Mil. bicornis Williams., 1858, Rec. For. Gr. Brit., p. 87, t. 7, ff. 190–194.
Triloc. dichotoma Rss., 1849, Neue For. Österr., Wien, Ak. DkSchr., p. 383, t. 49, f. 12.
Quinqueloc. incrassata, Schroeckingeri, vermicularis Karr., 1868, Misc. Kostej. Wien. Ak. Sitz. Ber. 58, pp. 148–150, t. 2, ff. 10, 12, t. 3, f. 1.
Mil. bicornis Brady, 1884, Chall. Rep. 9, p. 171, t. 6, ff. 9, 11, 12.
Quinqueloc. undulata (d'Orb.) Schlumb., 1893, Milioli du Golfe de Marseille, Mém. Soc. Zool. France 6, p. 213, t. 2, ff. 60–61.

Hab. ad Hallö et alia loca Bahusiae minus frequens profund. metr. 50. Long. mm. 1.80.

formæ affines:

1. forma fere præcedentis, plicato-costata, striis aut costulis inter plicas sæpe interpositis, interdum magis compressa; apertura sæpe circularis; a typo sæpe difficillime distingvenda; a Triloc. Linnæana d'Orb., For. Cuba, p. 172, t. 9, ff. 11—13, non sat distincta.

M. pulchella d'Orb., Tab. XXI, figg. 862—864.

Figg. 862—863: inter typicam formam et pulchellam d'Orb., e mari Bahusiæ extra Hallö insulam profund. metr. 50.

Fig. 864: magis typica, e mari Azorico.

Quinqueloc. pulchella d'Orb., 1826, Tab. meth., An. Sc. nat. 7, p. 303, No. 42.
Trilocul. pulchella, Qu. Schreibersii, Josephina d'Orb., 1846, Bass. tert. Vienne, p. 279, 296, 297, t. 17, ff. 19—24, t. 19, ff. 22—27.
Quinqueloc.   Brady, 1864, Rhizop. Shetl., Transact. Lin. Soc. 24, p. 466, t. 48, f. 4.
         Park. Jones, Brady, 1866, For. Crag., Pal. Soc. 19, p. 13, t. 4, f. 3.
       tricarinata d'Orb., 1839, For. Cuba, p. 187, t. 11, ff. 7—9, 13.
       plicosa, Josephina Costa, 1854, Pal. Nap. 2, p. 322, t. 25, ff. 2, 4.
Mil. paucisulcata Rss., 1861, Oberölogocen, Wien. Ak. Sitz. Ber. 50, p. 452, t. 1, f. 7.
   pulchella Brady, 1884, Chall. Rep., p. 171, t. 3, ff. 10—13, t. 6, ff. 13—14; **M. linnæana** Brady, ibid. p. 174, t. 6, ff. 15—20 magis complanata cum forma d'Orb., non sat congruens).

Hab. ad Hallö profund. metr. 50 Bahusiæ, rara.   Long. mm. 2.

2. magis regulariter constructa et striata aut costulata, a typica non sat distincta.

M. Boueana d'Orb., Tab. XXI, fig. 865.

Fig. 865: e mari Bahusiæ extra Väderöarne insulas profund. metr. 50.

Quinqueloc. Boueana d'Orb., 1846, Bass. tert. Vienne, p. 293, t. 19, ff. 7—9.
       affinis, Costa, 1854, Pal. Nap. 2, p. 329, t. 25, f. 15, t. 2, f. 13.
       nussdorfensis d'Orb., 1846, Bass. tert. Vienne, p. 295, t. 19, ff. 13—15.
       Guancha d'Orb., 1839, For. Canar. 143, t. 3, ff. 34—36.
Triloc. Brongniartiana d'Orb., 1839, For. Cuba, p. 176, t. 10, ff. 6—8.
Mil. scrobiculata Brady, 1884, Chall. Rep. 9, p. 173, t. 113, f. 15.
Quinqueloc. striolata Rss., 1849, Neue For. Österr., Wien. Ak. Dkschr. 1, p. 385, t. 50, f. 10.
       costata Karr., 1867, For. Österr. Wien. Ak. Sitz. Ber. 55, p. 362, t. 3, f. 4.
       Karrori Rss., 1869, Oligoc. Gaas., Wien. Ak. Sitz. Ber. 59, p. 459.
Triloc. striatella Karr., 1868, Mioc. For. Kostej., Wien. Ak. Sitz. Ber. 58, p. 140, t. 2, f. 2.
       pervacensis Hns., 1875, For. Clav. Szab. Sch., p. 21, t. 13, f. 3.
Mil. boueana Brady, 1884, Chall. Rep. 9, p. 173, t. 7, f. 13.
Quinqueloc. disparilis (d'Orb.) Schlumberg., 1893, Mil. golfe Marseille, Mém. Soc. Zool. France 6, t. 2, ff. 55—57.

Hab. ad oras Bahusiæ rara, profund. metr. 50.   Long. mm. 0.70.

M. tricarinata d'Orb.

Tab. XXI, figg. 866—869.

Triloculina, aliquando qvadriloculina, trigona, interdum elongata, sæpe tamen æque fere longa ac lata, cameris plerumque magnitudine subæqualibus, suturis angulos acutos aut carinas (interdum alas) exhibentibus; nitida porcellanea.

Fig. 866: magis elongata, e mari Spetsbergensi profund. metr. 4,630.
Fig. 867: e sinu Gullmaren Bahusiæ profund. metr. 130.
Fig. 868: quadriloculina in seminulum vergens, e mari Caraibico profund. metr. 530.
Fig. 869: procera, e mari Spetsbergensi profund. metr. 350—400.

Triloculina tricarinata D'ORB., 1826, Tab. meth., An. Sc. nat. 7. p. 299, Mod. 94.
Cruciloculina triangularis D'ORB., 1846, Rass. tert. Vienne, p. 280, t. 21, f. 57.
Mil. (Triloc.) tricarinata PARK. & JONES, 1865, N. Atl. & Arct. Oc., Phil. Trans. 155, p. 409, t. 15, f. 10.
Triloc. tricarinata PARK., JONES, BRADY, Crag. For., Pal. Soc. 19, p. 7, t. 5, ff. 33—34.
      BRADY, 1864, Rhizop. Shetl., Trans. Lin. Soc. 24, p. 466, t. 48, f. 5.
      RSS. 1867, Steinsalz Ablag. Wieliczka, Wien. Ak. S. Ber. 55, p. 71, t. 2, G. 4.
Mil. tricarinata BRADY, 1884, Chall. Rep. 9, p. 165, t. 3, f. 17.
      BRADY, PARK. & JONES, 1887, Abrolhos Bank, Trans. Zool. Soc. Lond. 12, 7, p. 215, t. 10, f. 32.

Hab. ad oras Scandinaviæ metr. 50—180 passim; ad Spetsbergiam metr. 350—4,600. Long. mm. 0,80—5,30.

forma affinis:
  cameris paullum inflatis, angulis suturarum minus acutis aut rotundato-obtusis; in Mil. trigonulam transiens:

M. gibba D'ORB., 1846, Rass. tert. Vienne, p. 274, t. 16, ff. 22—24.
Mil. gibba EGGER, 1857, Mioc. Ortenburg, Leonh. u. Bronns Jhb. 1857, p. 271, t. 6, ff. 1—3.
  v. HAN., 1875, Clavul. Szabói Sch., p. 21, t. 12, f. 10.

M. trigonula LMCK.
Tab. XXII, fig. 870.

  Sphaerica aut ovata, trigona, inflata, angulis rotundatis, suturis saepe callosis; saepe subgrisea minus nitens, subarenosa; a Mil. gibba difficillime distincta, a formis Miliol. ringentis juvenilibus sive triloculinis saepe vix limitanda.
  Fig. 870: e Gullmaren sinu Bahusiæ profund. metr. 50.

Miliolites trigonula LMCK., 1804, Ann. d. Mus. 5, p. 354.
  cor anguinum BRANN., 1825, Man. d. Malac. et Conch., p. 369, t. 4, f. 3.
Triloc. trigonula D'ORB., 1826, Tab. meth., An. Sc. nat. 7, p. 299, Mod. 93.
  austriaca D'ORB., 1846, Rass. tert. Vienne, p. 275, t. 16, ff. 25—27.
Miliol. austriaca EGGER, 1857, Mioc. Ortenburg, Leonh. u. Bronns Jhb. 1875, p. 271, t. 6, ff. 4—6.
  trigonula WILLIAMS, 1858, Rec. For. Gr. Brit., p. 83, t. 7, ff. 180—182.
Triloc. gibba RSS., 1864, Oberoligocan, Wien. Ak. Sitz. Ber. 50, p. 450, t. 1, f. 4.
Mil. trigonula BRADY, 1884, Chall. Rep. 9, p. 164, t. 3, ff. 15—16.

Hab. ad oras Scandinaviæ profund. metr. 50—180 semper Mil. simplicem et varietates hujus concomitans, minus frequens. Long. mm. 0,80.

M. valvularis BRADY.
Tab. XXII, fig. 871.

  Plus minusve obsolete tri-quadriloculina, ovalis ex margine plerumque compressa, nitida, laevis, cameris externis 2—3, sequente totam aut ex parte praecedentem amplectente, quare testa plus minusve incrassata; apertura rima semicircularis interdum crenata.

Facies externa et modus testae accrescendi in memoriam revocant Mil. sigmoideam Brady.

Fig. 871: facies segmenti penultimi; *a*: facies oralis; *b*: facies marginalis; *c*: facies segm. penultimi alius magis compressa; *d*: sectio transversa; e mari Atlantico boreali profund. metr. 1,740.

Mil. valvularis Brady, 1884, Chall. Rep. 9, p. 161, t. 4, ff. 4—5.

Obs. Triloculina valvularis Rss. 1851, Sept. Thon. Berlin. Zeitschr. deut. geol. Gesellsch. 3, p. 85, t. 7, f. 56, a Triloc. enoplostoma et turgida Rss. ibid. p. 86, t. 7, ff. 57—58, et in Schlumb. Septacienth, Pietzpahl, Wien, Ak. S. Ber. 62, t. 36, ff. 1—17, non vere distincta, verosimiliter ut varietas triloculina & quadriloculina Mil. simpheris d'Orb., habenda, quare nomen "valvularis" Rss. delendum est. Praeterea hoc nomen in Invigatam Borntmann, 1855, Sept. Thon. Hermsdorf; Zeitschr. deutsch. geol. Gesellsch. 7, p. 350, t. 19, f. 5 transferri potest.

Hab. mare Atlanticum boreale metr. 1,710 rara (Lindahl). Long. mm. 1.

Biloculina.

B. bulloides d'Orb.

Nitida, sphaeroidea aut ovoidea, plerumque haud marginata aut margine segmenti ultimi obtuso, interdum subacuto; apertura fere circulari, lingua plerumque bifurcata aut semilunari munita.

Bil. bulloides d'Orb., 1826, Tab. meth., An. Sc. nat. 7, p. 297, t. 16, ff. 1—4, Mod. 90.
Schlumberger, 1887, Note sur les Bilo. bulloides d'Orb. et Bil. ringens Lam., Bullet. Soc. géol. France (3) 15, p. 119, t. 15, ff. 10—15.

Obs. Forma **ringens** Lam. a Cel. Dom. Schlumb. sic est distinguenda: ovoidea, non depressa, adulta sparsim transverse sulplicata, margine rotundato aut obsoleto, apertura fere circulari, grandi, teste partem crassitudinis tertiam aequante, limbata, lingua bifurcata, aut stylo biauriculato, auriculis perforatis, aut lamina obovata, pedunculata foramine centrali perforata, munita.
Schlumb., ibid., p. 126, tab. 15, ff. 14—18.
Forma utraque extincta sec. Schlumberger.

formae affines:

1. plerumque obtuse marginata, apertura ovata aut rima semicirculari, aut fibulaeformi, nunc brevi nunc valde elongata, praeterea typicae similis, a qua non sat distincta. Margo posticus interdum denticulatus, plicatus aut incrassatus. Haud rare triloculina, id est stadium larvale continuatum.

B. simplex d'Orb., Tab. XXII, figg. 872—882, 885, Tab. XXIII, figg. 886—887.

Fig. 872: apertura magna, lingua bicornuta.
Fig. 873: apertura parva, lingua cruciformi; ambae e fretis Koster insulam profund. metr. 35—132.
Fig. 874 *a, b, c*: B. inornatae d'Orb. similis; exempla duo e Gulmaren sinu Bahusiae profund. metr. 60.
Fig. 875: forma triloculina, apertura fibulaeformi longa, ex eodem loco.
Fig. 876: triloculina, magis elongata, e sinu Bergensium Norvegiae profund. metr. 125.
Fig. 877: ex eodem loco.

Fig. 878: triloculina, e Hækkefjord Norvegiæ, forsan ad formam abyssorum referenda.
Figg. 879—880: sectiones transversæ duorum exemplorum, dimorphismum larvale exhibentes; e mari Bahusico.
Fig. 881: "Bil. appendiculata" Reuss, e mari Spetsberg. profund. metr. 80.
Fig. 882: exemplum duplicatum, aperturis formis interse discrepantibus.
Fig. 883: in depressam vergens, e mari Spetsberg. profund. metr. 50; B. brachyodontæ Fornas. propinqua.
Tab. XXIII. fig. 886: facies oralis formæ magis tumidæ, e mari Azorico profund. metr. 530—1,060; *a*: subtriloculina, ex eodem loco.
Fig. 887: triloculina ex eodem loco (forma larvalis).

Biloc. simplex, clypeata d'Orb., 1846, Bass. tert. Vienne, pp. 263, 264, t. 15, ff. 19—21, 25—27.
  bulloides, simplex, circumclausa Costa, 1854, Pal. Nap. 2, p. 299, 300, 307, t. 24, ff. 1, 3, 6.
  turgida Rss. 1851, Septar. Thon. Berlin, Zischr. deut. geol. Gesellsch. 3, p. 85, t. 7, f. 55;
    v. Schlicht, Sept. Thon. Pietzpuhl, t. 35, ff. 27—29, t. 36, ff. 1—3.
  ringens Williams, 1858, Rec. For. Gr. Brit., p. 79, t. 6, 7, ff. 169—171.
  bulloides v. **calostoma, anodonta** Karr., 1868, For. Kostej., Wien. Ak. S. Ber. 58, p. 143, t. 1, ff. 4, 6.
  globiformis Karr., 1867, For. Österreichs. Wien. Ak. S. Ber. 55, p. 357, t. 2, f. 1.
  canariensis d'Orb., 1839, For. Canaries, p. 139, t. 3, ff. 10—12 (in elongatam d'Orb. vergens.)
  affinis, inornata d'Orb., 1846, Bass. tert. Vienne. p. 265—266, t. 16, ff. 1—3, 7—9 (in elongatam vergens.)
  caudata Bornem., 1855, Sept. Thon. Hermsd., Zeitschr. deut. geol. Gesellsch., p. 348, t. 19, f. 2.
  ringens Park., Jones, Brady, 1866, For. Crag., Pal. Soc. 19, p. 5, t. 3, ff. 26—28.
  serrata Bailey, 1862, Notes new spec. micr. obj., Boston Journ. Nat. Hist. 7, p. 350, t. 8.
Triloc. bipartita d'Orb., 1846, Bass. tert. Vienne, p. 275, t. 17, ff. 1—3.
  onoplostoma Reuss, 1851, Sept. Thon., Berl., Zeitsch. deutsch. geol. Gesellsch. 3, p. 86, t. 7, f. 57; v. Schlicht, 1870, Sept. Thon. Pietzpuhl, t. 36, ff. 1—17 (forma larvalis).
Biloc. ringens Brady, 1884, Chall. Rep. 9, p. 142, t. 2, ff. 7—8.
Diloc. intermedia Fornasini, 1886, Bollet. Soc. geol. Ital. 5, t. 1, f. 2, 1893, Mem. Sc. Instit. R. Bologna (5) 3, t. 4, f. 4.
  ringens Brady, Park., Jones, 1887, Abrolhos Bank. Trans. Zool. Soc. Lond. 12, 7, p. 215, t. 40, ff. 19—20.

Hab. ad oras Scandinaviæ occidentalis profund. metr. 30—150 nec non mare Spetsbergicum et Grœnlandicum profund. metr. 50—200 haud rara.

2. striolata aut semistriolata, apertura plerumque brevi.

B. comata Brady, Tab. XXII, figg. 883—884.

Fig. 883: semistriolata, e fretis Koster insularum profund. metr. 133.
Fig. 884: apertura lingua biauriculata valde prominente, e Gullmaren sinu Bahusiæ profund. metr. 130.

Biloc. comata Brady, 1884, Chall. Rep. 9, p. 144, t. 3, f. 9.
  Schlumberg., 1891, Biloc. grands fonds, Soc. Zool. France 4, p. 178, t. 10, ff. 72—75.

Hab. in mari Bahusico rara.

3. inflata, levis, e margine plerumque paullum compressa, i. e. altior paullo quam latior, non marginata, apertura nunc rima semilunari nunc fissura longa angulosa, irregulari. Bil. globulo Rss forsan propinqua.

B. abyssorum n., Tab. XXIII, figg. 888—889.
Fig. 888: exemplum ex Atlantico boreali profund. metr. 1,750.
Fig. 889: e mari Spetsbergensi profund. metr. 500.

Hab. mare Arcticum et boreale profund. metr. 500—2,000; mare Azoricum profund. metr. 700.

4. nitida, plus minusve irregulariter tri-quinqueloculina, globosa aut ovalis ex margine saepe paullum compressa; apertura rima semicirculari aut angulari aut irregulariter undata, interdum longissima, supramarginali; segmento antepenultimo nunc laterali nunc frontali. Forma multiloculina praecedentis.

M. bucculenta Brady, Tab. XXIII, figg. 890—903; Tab. XXIV, figg. 904—905.
Fig. 890: juvenis, e mari Atlant. boreali profund. metr. 1,740.
Fig. 891: Triloc. gibba d'Orb. similis, ex eodem loco.
Fig. 892: Triloc. enoplostoma Rss similis; ex eodem loco.
Fig. 893: ?Juvenis, e mari Spetsbergensi, inter M. bucculentam, profund. metr. 1,388.
Fig. 894: ex eodem loco.
Fig. 895: Triloc. trigonula Lamck. similis, e mari Azorico profund. metr. 530.
Figg. 896—901: formae variae, tri-quadriloculinae, e mari Azorico profund. metr. 530—1,060.
Fig. 902: quadriloculina, e mari Spetsbergensi, profund. metr. 350.
Fig. 903: e mari Atlantico boreali profund. metr. 1,740.
T. XXIV, fig. 904: quadriloculina, facies lateralis; a: facies ventralis sive frontalis, e mari Spetsbergico profund. metr. 450.
Fig. 905: triloculina, facies lateralis, ex eodem loco.

Brady, Chall. Rep. 1884, p. 170, t. 114, f. 3.
M. bucculenta v. **placentiformis** Brady, ibid. p. 171, t. 1, ff. 1, 2.
M. cryptella Park. & Jones, 1865: N. Atl. & Arct. Oc., Phil. Trans. 155, p. 410, t. 15, f. 39.
M. ringens var. Goës, 1882, Ret. Rhizop. Carib. Sea, Sv. Vet. Akad. Handl. 19, 4, t. 10, ff. 374—375.
Planispirina bucculenta Schlumb. 1892, Mém. Soc. Zool. France 5, p. 194.

Hab. mare Arct. glaciale profund. metr. 350—1,100 passim (v. Otter). Long. mm. 2.50; mare Azoricum (Smitt & Ljungman).

5. elliptica, sublagenaeformis, impolita saepe in collum breve producta, apertura circularis; testa saepe albidogrisea, e pellicula arenosa tenui subscabra; saepe tri-sexloculina.

B. tubulosa Costa.
1854, Pal. Nap. 2, p. 109, t. 24, f. 7.
Biloc. lucernula Schw. 1866, For. Kar. Nikob. Novara Reise geol. Th. 2, p. 202, t. 1, ff. 14, 17.
Mil. ringens var. Goës, 1882, Ret. Rhizop. Carib. Sea, Sv. Vet. Akad. Handl. 19, 4, t. 10, ff. 363—365, 376—383.
Biloc. bulloides Brady, 1884, Chall. Rep. 9, p. 142, t. 2, ff. 5—6.
  tubulosa Brady, ibid., p. 147, t. 3, f. 6 (triloculina).
lucernula Schlumberger, 1891, Biloc. des grands fonds, Mém. Soc. Zool. France 4, p. 185, t. 12, ff. 90—96.

Hab. mare Atlanticum metr. 530—2,000 passim. Diam. mm. 2.10.

6. magis angusta, elongate ovalis aut elliptica, segmento penultimo saepe postice attenuato, interdum fimbriato aut caudato ultimum excedente; margine plerumque obtuso aut rotundato; a typica non limitanda; nunc teres tumida, nunc depressa; formae tri-quadriloculinae etiam occurrunt.

B. elongata d'Orb., Tab. XXIV, figg. 906—913.

Fig. 906: in typicam vergens, e Flekkefjord, Norvegiae, metr. 180.

Figg. 907—913: formae bi-, tri-, quadriloculinae, aliquot in Biloc. simplicem vergentes; omnes a mari Bahusiae Sveciae, profund. metr. 30—65.

1826, Tab. meth., An. Sc. nat. 7, p. 298, No. 4.
Biloc. oblonga d'Orb., 1839, For. Cuba, p. 163, t. 8, ff. 21—23.
 — **Patagonica, Bougainvillei** d'Orb., 1839, Voy. Amér. mér. 5, p. 65, 67, t. 3, ff. 15—17, t. 8, ff. 22—24.
 — **constricta** Costa, 1854, Pal. Nap. 2, p. 301, t. 24, f. 2.
 — **ringens** var. **patagonica** Williams, 1858, Rev. For. Gr. Brit., p. 80, t. 7, ff. 175—176.
Mil. (Biloc.) elongata Park. & Jones, 1865, N. Atl. & Arct. Oc., Phil. Trans. 155, p. 409, t. 17, ff. 88, 90—91.
Biloc. bulloides v. **truncata, gracilis** Rss., 1867, Steinsalzablag., Wieliczka, Wien. Ak. Sitz. Ber. 55, p. 68, t. 2, ff. 1—2.
 — **tenuis** Karr., 1868, Mioc. Kostej, Wien. Ak. Sitz. Ber. 58, p. 133, t. 1, f. 5.
 — **elongata** Brady, Chall. Rep. 9, p. 144, t. 2, f. 9.
    Brady, Park. & Jones, 1887, Abrolhos Bank, Trans. Linn. Soc. 12, 7, p. 214, t. 40, ff. 21—22.
    Schlumb., 1891, Biloc. grands fonds, Mém. Soc. Zool. France 4, p. 184, t. 11, 12, ff. 87—89.

Hab. ad oras Scandinaviae occidentales cum typica passim.

7. ovalis, subdepressa, segmentis ultimis margine subcarinatis. Segmentum ultimum postice saepe incrassatum et emarginatum. Inter typicam et var. depressam medium tenens, a neutra limitanda.

B. lævis Defr., Tab. XXIV, figg. 914—918.

Figg. 914—917: formae variae e mari Spetsbergico profund. metr. 1,450—4,600.

Pyrgo lævis Defr., 1824, Dict. Sc. nat. 32, p. 273, t. 88, f. 2.
Biloc. lævis d'Orb., 1826, Tab. meth., An. Sc. nat. 7, p. 298, No. 8.
    Brady, 1884, Chall. Rep. 9, p. 146, t. 2, ff. 13—14.
 — **appendiculata** Rss., 1863, Crag d'Anvers, Bull. Acad. Belg. (2) 15, p. 139, t. 1, f. 1.
 — **amphiconica** var. **platystoma** Rss., 1867, Steinsalzablag., Wieliczka, Wien. Ak. Sitz. Ber. 55, p. 67, t. 1, f. 8.
Mil. ringens var. Goës, 1882, Ret. Rhizop. Carib. Sea, Sv. Vet. Akad. Handl. 19, 4, t. 10, ff. 361—362.

Hab. mare Arcticum metr. 1,450—4,600 vulgaris (v. Ottum).

8. nitida globosa aut ovalis aut subdepressa, segmento ultimo penultimum valde excedente saepe partim amplectente; apertura extensa, saepe rima protracta, angulata aut undulata, suprasuturalis; in var. depressam d'Orb. transiens.

B. arctica Goës, Tab. XXV, figg. 919—920.

Fig. 919: procera, e mari Spetsbergensi profund. 4,600.

Fig. 920: in var. abyssorum vergens; ex eodem mari, profund. metr. 350.

Mil. (Biloc.) ringens Park. & Jones, 1865, N. Atl. & Arct. Oc., Phil. Trans. 155, p. 409, t. 15, ff. 42—43.
? **Biloc. invrata** Rss., 1867, Steinsalzablag., Wieliczka, Wien. Ak. S. Ber. 55, p. 70, t. 2, f. 3.

Hab. mare Arcticum profund. metr. 350—1,460 passim Biloc. depressam concomitans (v. Ottum). Long. mm. 2—3.

B. depressa d'Orb.

Tab. XXV, figg. 921—925.

Nitida, orbicularis aut ovalis, depressa, segmento ultimo (et interdum penultimo) carinato-marginato; apertura rima protracta transversa aut fibulæformis aut subcircularis, lingula bifurcata sæpe provisa; margo posticus interdum emarginatus. A B. simplici non sat limitata.

Fig. 921: ad "serratam" tendens, e mari Azorico, profund. metr. 980.

Fig. 922: e Skagerack, profund. metr. 270.

Fig. 923: sectio transversa, stadium larvale Miocularum exhibens; e mari Spetsbergensi, profund. metr. 4,600; in B. simplicem vergens.

Fig. 924—925: e mari Bahusiæ profund. metr. 35—40.

1826, Tab. meth., Ann. Sc. nat. 7, p. 298, No. 7, Mod. 91.
Biloc. carinata d'Orb., 1839, For. Cuba, p. 164, t. 8, f. 24; t. 9, ff. 1—2.
    lunula d'Orb., 1846, Bass. tert. Vienne, p. 264, t. 15, ff. 22—24.
    amphiconica Rss., 1849, Neue For. Österr. Wien. Ak. DSchr., p. 382, t. 49, f. 5.
    ringens var. **carinata** Will., 1858, Rec. For. Gr. Brit., p. 79, t. 7, ff. 172—174.
Mil. (Biloc.) depressa Park. & Jones, 1865, N. Atl. & Arct. Oc., Phil. Trans. 155, p. 409, t. 17, f. 89.
Biloc. depressa Jones, Park., Brady, 1866, For. Crag., Pal. Soc. 19, p. 6, t. 3, ff. 29—30.
    scutella Karr., 1868, Mioc. Kostej, Wien. Ak. Sitz. Ber. 58, p. 134, t. 1, f. 7.
    plana Karr., 1877, Hochqu. Wasserleit., Abh. geol. Reichsanst. 9, p. 375, t. 16, f. 9.
    ringens var. Gœs, 1882, Ret. Rhizop. Carib. Sec. Sv. Vet. Akad. Handl. 19, 4, t. 10, ff. 366—367, (in serratam vergens).
    depressa Brady, 1884, Chall. Rep. 9, p. 145, t. 2, ff. 12, 15—17; t. 3, ff. 1—2.
        Brady, Park., Jones, 1887, Abrolhos Bank, Trans. Zool. Soc. Lond. 12, 7, p. 213, t. 40, ff. 17—18.
        Schlumberg., 1891, Bibr. grands fonds, Mém. Soc. Zool. France 4, p. 160, t. 9, ff. 48—49.

Hab. ad oras occidentales Scandinaviæ metr. 40—500 sat frequens, mare Spetsbergicum metr. 900—4,800, haud rara. Diam. mm. usque ad 2,10.

forma affinis:

margine segmentorum serrato-crenato, apertura plerumque ovali aut subcirculari; a typica non sat limitata.

B. serrata Brady. Tab. XXV, fig. 926.

Fig. 926: e mari Atlantico boreali profund. metr. 1,740.

Biloc. depressa var. **serrata** Brady, 1884, Chall. Rep. 9, p. 146, t. 3, f. 3.
    serrata Schlumberg., 1883, Feuille jeunes natural. (sepr.) 13, p. 23, t. 3, f. 3.
        Schlumberg., 1891, Bib. grands fonds, Mém. Soc. Zool. France 4, p. 163, t. 9, ff. 50—51.

Hab. mare Atlanticum boreale profund. metr. 1,740.

B. sphæra d'Orb.

Tab. XXV, fig. 927.

Globosa, nitidissima, segmento ultimo valido, magnam penultimi vix prominentis partem amplectente; apertura nunc regularis rima semicircularis aut angulata aut rima undatæ sæpe ramosæ.

Fig. 927: e fretis Koster insulam profund. metr. 70—80.

Biloc. sphæra d'Orb., 1839, Voy. Amer. merid. 5, p. 66, t. 8, ff. 13–16.
» **globulus** (v. Schlicht) Reuss, 1870, Sitz.Ber. Wien Ak. 62, t. 16 1; v. Schlicht, tab. 35, ff. 30–32.
» Bornem., 1855, Sept. Thon, Hermsdorf, Zeitschr. deut. geol. Ges. 7, p. 349, t. 19, f. 3.
» **ringens** var. Goës, 1882, Ret. Rhizop. Carib. Sea, Sv. Vet. Akad. Handl. 19, 4, t. 10, ff. 368–369.
» **sphæra** Brady, 1884, Chall. Rep. 9, p. 144, t. 2, f. 4.
» **sphæroides** Schlumb., 1880, Feuille Jeunes Natur. 15, p. 22, f. 2, f. 3, a nostra non sat distincta.
Planispirina sphæra Schlumberg., 1894, Biloc. grands fonds, Mem. Soc. Zool. France 4, p. 190, ff. 15–16.

Hab. ad oras Scandinaviæ occidentales et Groenlandiæ profund. metr. 70–1,250 minus frequens.

APPENDIX.

B. saccata n.
Tab. XXV, fig. 928.

Biloculina a margine compressa, haud polita, segmento ultimo lageneformi, sæpe collo tubulari instructo; segm. penultimo magis compresso fere toto nudo, aut distante segmenti partem antepenultimi non obtegente; apertura circularis, lingula plerumque bifurcata.

Ut B. tubulosa Costa constructa tamen compressa et forma alia.

Fig. 928: exemplum ordinarium cum facie orali *a*.
b: exemplum hians, segmentum antepenultimum præbens.
c: sectio transversa.
d: exempl. aliud valde compressum, collo abreviato; omnia e mari Caraibico.

Hab. mare Caraibicum profund. metr. 500 rara (Goës). Long. mm. 1.40.

B. quadrangularis n.
Tab. XXV, fig. 929.

Biloculina, ovalis, tetragona, subæquilateralis, segmentis subtriangularibus, ultimo (interdum et penultimo) marginato-carinato, angulo dorsali amborum uni-bicarinato, carinis sæpe undulato-crenatis, incompletis; apertura rima suturalis circumflexa.

Fig. 929: facies segmenti penultimi.
a: facies oralis.
b: facies marginalis.
c: sectio transversa; e mari Caraibico.

Inter Biloculinas nulla est relata forma angulosa nisi Biloc. aculeata d'Orb., An. Sc. nat. 7, p. 298, No. 3, Mod. 31, ex Aquitania Galliæ australis, fossilis.

Goës, 1882, Ret. Rhizop. Carib. Sea, Sv. Vet. Akad. Handl., t. 9, ff. 348–349.

Hab. mare Caraibicum profund. metr. 500 rara (Goës). Long. mm. 1.

CERATINA n. g.
C. trochamminoides n.
Tab. XXV, fig. 930.

Plus minusve regulariter planospiralis, haud polita, margine rotundato. Anfractus subaceretes, apparentes 3—4—5, interni sæpe irregulariter convoluti, segmentis ultimi anfr. 10—12, suturis incisis, septis plus minusve completis.

Exemplorum paucitatis causa hoc genus sat investigare non potui, Trochammina proteo Karr. similis, structura certe tamen porcellanea.

Fig. 930: facies lateralis.
a: facies marginalis.
b: septum fere completum.
c: sectio transversa, stadium larvale miliolinæforme præbens.

Hab. Azores insulas mare altum profund. metr. 540 (Smitt, Lindeman). Diam. mm. 1.15.

INDEX.

	Pag.
ALLOMORPHINA trigona v. REUSS.	53
AMMODISCUS incertus D'ORB.	31
tenuis BRADY	31
ASTRORHIZA arenaria NORMAN	12
crassatina BRADY	13
limicola SANDAHL	12
BATHYSIPHON filiformis SARS	16
BIGENERINA digitata D'ORB.	38
nodosaria D'ORB.	37
BILOCULINA abyssorum GOËS	118
arctica GOËS	119
bulloides D'ORB.	116
comata BRADY	117
depressa D'ORB.	120
elongata D'ORB.	119
lævis DEFR.	119
quadrangularis GOËS	121
ringens LAMCK.	116
saccata GOËS	121
serrata BRADY	120
simplex D'ORB.	116
sphæra D'ORB.	120
tubulosa COSTA	118
BOLIVINA aenariensis COSTA	50
difformis WILLIAMS	50
dilatata v. REUSS	50
plicata (D'ORB.) BRADY	51
punctata D'ORB.	49
BOTELLINA labyrinthica BRADY	19
BULIMINA convoluta WILLIAMS	47
ellipsoides COSTA	45
marginata D'ORB.	46
Normani GOËS	47
pyrula D'ORB.	45
subteres BRADY	46
CASSIDULINA Bradyi NORMAN.	44
crassa D'ORB.	43
lævigata D'ORB.	43
CERATINA trochamminoides GOËS	122
CHILOSTOMELLA ovoidea v. REUSS	53
CLAVULINA communis D'ORB.	40
cocoana GÜMB.	41

		Pag.
CLAVULINA lævigata GOES		40
	parisiensis D'ORB.	41
	textularioidea GOES	42
	rudis COSTA	43
	Soldanii PARK. & JONES	42
CORNUSPIRA carinata COSTA		106
	foliacea PHIL.	106
	involvens v. REUSS	106
	striolata BRADY	107
CRISTELLARIA articulata v. REUSS		60
	Bradyi GOES	64
	calcar LIN.	60
	complanata v. REUSS	62
	crassa D'ORB.	61
	crepidula FICHT. & MOLL.	62
	elegantissima COSTA	64
	gibba D'ORB.	61
	navicula D'ORB.	64
	rotulata LMK.	59
	spinigera BRADY	63
	Saulcyi D'ORB.	63
	subarcuatula MONTAG.	63
	variabilis v. REUSS	62
CRITHIONINA granum GOES		15
	mamilla GOES	15
CYCLAMMINA pusilla BRADY		32
DISCORBINA Berthelotiana D'ORB.		93
	globularis D'ORB.	94
	obtusa D'ORB.	95
	parisiensis D'ORB.	93
	rosacea D'ORB.	94
	Vilardeboana D'ORB.	95
EHRENBERGINA serrata v. REUSS		44
GAUDRYINA chilostoma v. REUSS		34
	pupoides D'ORB.	34
GLOBIGERINA æquilateralis BRADY		86
	bulloides D'ORB.	83
	conglobata BRADY	86
	cretacea D'ORB.	86
	dubia EGGER	86
	inflata D'ORB.	85
	pachyderma (EHRENB.) BR.	85
	rubra D'ORB.	85
	sacculifera BRADY	86
GYPSINA inhærens SCHULTZE		91
	vesicularis PARK. & JONES var.	92
HALIPHYSEMA Tumanowiczii BOW. var. abyssicola GOES		15
HAPLOPHRAGMIUM agglutinans D'ORB.		23
	canariense D'ORB.	20
	cassis PARK. & JONES	24
	crassimargo NORMAN	21
	globigeriniforme PARK. & JONES	22
	glomeratum BRADY	23
	latidorsatum BORNEM.	21
	nanum BRADY	22
	pseudospirale WILL.	23
HIPPOCREPINA indivisa PARK. & JONES		28
HORMOSINA globulifera BRADY		29
	ovicula BRADY	29

	Pag.
HYPERAMMINA arborescens NORM. ...	18
elongata BRADY........	17
friabilis BRADY	17
ramosa BRADY........	18
subnodosa BRADY....	16
vagans BRADY	17
JACULELLA obtusa BRADY.	20
LAGENA apiculata v. REUSS	80
clavata D'ORB.	75
caudata D'ORB.	81
distoma PARK. & JONES	77
elongata EHRENB.............	75
globosa WALK. & JAC.	77
gracilis WILLIAMS..............	77
gracillima SEG............	75
Hertwigiana BRADY	77
hexagona WILL........	80
hispida v. REUSS	74
lævis WALK. & BOYS	74
lagenoides WILL......	83
lucida WILL...... ..	83
marginata WALK. & BOYS... ...	81
Orbignyana SEG.,........ ...	82
pulchella BRADY	82
semiornata TERQU.	80
semistriata WILLIAMS........ .	76
squamosa MONTAG	79
striata D'ORB.....	75
striatopunctata PARK. & JONES.	83
sulcata WALK. & JAC.	78
Williamsoni ADCOCK	79
MILIOLINA agglutinans PARK. & JONES	110
angulata WILLIAMS..........	113
Auberiana D'ORB....	109
contorta D'ORB.........	111
bicornis WALK. & JAC.	113
bicostata D'ORB...	112
Boueana D'ORB.	114
bucculenta BRADY	118
Candeiana D'ORB.	109
inornata D'ORB................ ...	108
concava v. Rss	111
elegans WILL..	112
gibba D'ORB....... ..	115
oblonga MONTAG	110
pulchella D'ORB..	114
polygona D'ORB.......	111
secans D'ORB.	112
seminulum LIN.............	108
subrotunda MONTAG	109
tricarinata D'ORB.....	111
trigonula LMK........	115
valvularis v. REUSS	115
NODOSARIA æqualis v. REUSS	72
Boueana D'ORB...	69
calomorpha v. Rss	72
carinata D'ORB.....	73
communis D'ORB.	67
lævigata D'ORB............	71

	Sep.
NODOSARINA obliqua LIN.	70
pauperata D'ORB.	68
scalaris BATSCH.	73
seminuda V. REUSS.	71
soluta V. REUSS.	70
striolata GOËS.	71
vertebralis BATSCH.	70
NONIONINA Boueana D'ORB.	104
depressula WALK. & JAC.	103
scapha FICHT. & MOLL.	104
stelligera D'ORB.	104
turgida WILL.	105
umbilicatula MONTAG.	103
OPERCULINA ammonoides GRONOV.	105
PATELLINA corrugata WILLIAMS.	92
PLACOPSILINA bulla BRADY.	28
PLANORBULINA Akneriana D'ORB.	89
acuminensis D'ORB.	91
coronata PARK. & JONES.	90
lobatula WALK. & JAC.	88
mediterranensis D'ORB.	91
refulgens MFF.	89
Ungeriana D'ORB.	90
variabilis D'ORB.	88
Wüllerstorfi SCHWAG.	89
POLYMORPHINA acuta ROEM.	56
angusta EGGER.	58
compressa D'ORB.	58
gibba D'ORB.	55
lactea WALK. & JAC.	54
problema D'ORB.	56
rotundata BORNEM.	57
Thouini D'ORB.	59
irregularis D'ORB.	59
POLYSTOMELLA arctica PARK. & JONES.	100
crispa LIN.	102
sibirica GOËS.	100
striatopunctata PARK. & JONES.	101
subnodosa V. MÜNST.	102
PSAMMOSPHÆRA fusca SCHULZE.	14
PULLENIA quinqueloba V. REUSS.	87
sphæroides D'ORB.	87
PULVINULINA auricula FICHT. & MOLL.	98
concamerata MONTAG.	96
concentrica PARK. & JONES.	96
dispansa BRADY.	97
elegans D'ORB.	97
Karsteni V. REUSS.	97
punctulata D'ORB.	96
repanda FICHT. & MOLL.	95
Schreibersii D'ORB.	98
REOPHAX arcticus BRADY.	25
compressus GOËS.	27
dentaliniformis BRADY.	25
difflugiformis BRADY.	26
fusiformis WILL.	24
guttifer BRADY.	26
nodulosus BRADY.	26
pilulifer BRADY.	25

	Pag.
REOPHAX procerus GOËS	27
» sabulosus BRADY	27
» scorpiurus MTRKY	24
RHABDAMMINA abyssorum SARS	19
» discreta BRADY	19
» linearis BRADY	18
ROTALINA Beccarii LIN	99
» Soldanii D'ORB.	99
RUPERTIA stabilis WALL	92
SACCAMMINA sphærica SARS	13
SAGRINA dimorpha PARK. & JONES	52
SPHÆROIDINA bulloides D'ORB.	87
SPIROLOCULINA limbata D'ORB.	107
» planulata LAMCK.	107
SPIROPLECTA biformis PARK. & JONES	38
STORTHOSPHÆRA albida SCHULZE	13
TECHNITELLA legumen NORM	14
TEXTULARIA agglutinans D'ORB.	35
» intermedia GOËS	36
» pectinata V. REUSS	37
» sagittula DEFR., var.	36
» Williamsoni GOËS	36
TROCHAMMINA inflata MONTAG.	29
» nitida BRADY	30
» Robertsoni BRADY	30
» vesicularis GOËS	31
UVIGERINA angulosa WILL.	51
» Auberiana D'ORB.	52
» canariensis D'ORB.	52
» pygmæa D'ORB.	51
VAGINULINA badenensis D'ORB.	66
» glabra D'ORB.	65
» lævigata ROEM.	65
» linearis MONTAG.	66
» striatocostata V. REUSS	66
VALVULINA conica PARK. & JONES	39
» fusca WILL.	39
VERNEUILINA polystropha V. REUSS	32
» propinqua BRADY	33
» pygmæa (EGGER) BRADY	33
VIRGULINA obscura	48
» Schreibersiana CZJZ.	48
» squamosa D'ORB.	47
» subsquamosa EGGER	49
WEBBINA clavata PARK. & JONES	32

EXPOSITIO TABULARUM.

(Notæ numerorum tenues mensuram indicant millimetricam.)

TAB. I.

Tab. I.

Figg. 1–3: Astrorhiza limicola SANDAHL ... p. 12.

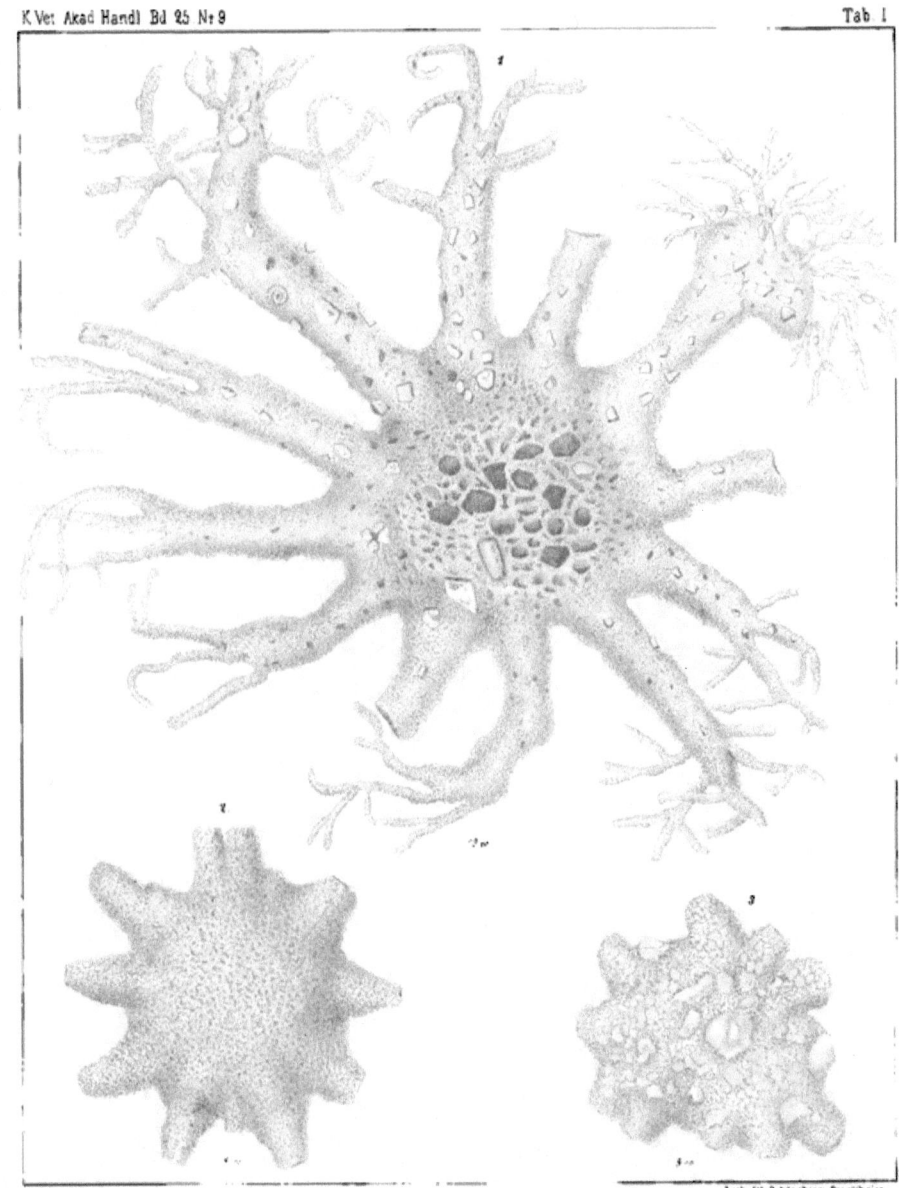

Tab. I

TAB. II.

Tab. II

Figg. 1—10: Astrorhiza arenaria NORMAN
11—15: » crassatina BRADY.....

TAB. III.

Tab. III.

Figg. 16—18: Saccammina sphærica M. Sars.
Fig. 19: Psammosphæra fusca E. Schulze.
Figg. 20—27: Technitella legumen Norman.
28—33: Crithionina granum Goës.
34—36: " mamilla Goës.
37—38: Haliphysema Tumanoviczii Bowerbank v. abyssicola Goës.
39—41: Bathysiphon filiformis M. Sars.
42—54: Hyperammina subnodosa Brady.

TAB. IV.

Tab. IV.

Figg. 55—58: Hyperammina elongata BRADY
Fig. 59: ? friabilis BRADY
  60: vagans BRADY
Figg. 61—62: ramosa BRADY
  63—64: arborescens NORMAN
  65—66: Rhabdammina linearis BRADY
  67—68: abyssorum M. SARS
  69—86: Botellina labyrinthica BRADY
  87—89: Jaculella obtusa BRADY

Tab. IV.

TAB. V.

Tab. V.

Figg. 90—91: Jaculella obtusa Brady
　　92—101: Haplophragmium canariense d'Orb.
　　102—123: 　　　　latidorsatum Bornem.
　　124—127: 　　　　nanum Brady
　　128—133: 　　　　globigeriniforme Park. & Jones
　　134—139: 　　　　glomeratum Brady
　　140—141: 　　　　agglutinans d'Orb.
　　142—151: 　　　　pseudospirale Will.
　　152—157: 　　　　cassis Park.
　　158—163: Reophax scorpiurus Mtf.

TAB. VI.

Tab. VI.

Figg. 164—171: Reophax scorpiurus MÜL.
     172—175:   dentaliniformis BRADY
     176—180:   pilulifer BRADY
     181—186:   ? distans BRADY
     187—191:   nodulosus BRADY
     192—195:   guttifer BRADY
     196—198:   difflugiformis BRADY
     199—202:   sabulosus BRADY
     203—210:   compressus GOËS
     211—215: Placopsilina bulla BRADY
     216—217: Hippocrepina indivisa
     218—219: Hormosina globulifera BRADY
     220—221:   ovicula BRADY
     222—224: Trochammina inflata MONTAG.
     225—230:   nitida BRADY
     231—234:   Robertsoni BRADY
     235—237:   vesicularis GOËS
     238—239: Ammodiscus incertus D'ORB.
     240—241:   tenuis BRADY
     242—244: Cyclammina pusilla BRADY
     245—246: Webbina clavata PARK. & JONES

TAB. VII.

Tab. VII.

Figg. 247—255: Verneuilina polystropha v. Reuss ....
    256—261: forma Bigenerinæ præcedentis. ....
    262—263: Verneuilina pygmæa (Egger) Brady.........................
    264—266:   propinqua Brady... ....
    267—277: Gaudryina pupoides d'Orb........ ....
    278—280:   chilostoma v. Reuss.
    281—284: Textularia agglutinans d'Orb......
    285—287:   Williamsoni Orb........... ....
    288—290:   sagittula v. cuneiformis d'Orb.
    291—293:   pectinata v. Reuss......................
    294—296:   agglutinans d'Orb....... ...
    297—299:   forma jugosa .... .
    300—301:   forma borealis....
    302—303:   forma angusta....
    304—307:   intermedia Gœs............................
    308—312: Spiroplecta biformis Park. & Jones...........
    313—323: Bigenerina nodosaria d'Orb.....
    324—341:   digitata d'Orb...............

TAB. VIII.

Tab. VIII.

Figg. 342—352: Valvulina conica PARK. & JONES..................
      353—355:   »   fusca WILLIAMS....................
      356—367: Clavulina lævigata GOES ....
      368—377:   »   cocoëna GÜMBEL ....
      378—386;   »   parisiensis D'ORB......
      387—399;   »   textularioidea GOES ....
      400—407:   »   Soldanii PARK. & JONES forma emaciata
      408—412:   »   rudis COSTA.........
      413—417: Reophax procerus GOES...........
      418—420: Cassidulina lævigata D'ORB. ....
      421—422:   »   crassa D'ORB......
      423—426:   »   Bradyi NORMAN ....
Fig. 427:   »   forma stenostegica GOES
Figg. 428—430: Ehrenbergina serrata v. REUSS............
      431—436: Bulimina ellipsoides COSTA...

TAB. IX.

Tab. IX.

Figg. 437—438:	Bulimina Normani Goës	p. 47.
439—444:	marginata d'Orb.	46.
445—453:	subteres Brady	46.
454—456:	Virgulina squamosa d'Orb.	47.
457—458:	obscura Goës	48.
Fig. 459:	Schreibersiana Czjzek	48.
460:	squamosa d'Orb.	47.
Figg. 461—472:	Schreibersiana Czjzek	48.
473—474:	subsquamosa Egger	49.
475—480:	Bolivina punctata d'Orb.	49.
482—486:	dilatata v. Reuss	50.
487—488:	plicata d'Orb.	51.
489—493:	Uvigerina canariensis d'Orb.	52.
494—495:	Auberiana d'Orb.	52.
496—501:	pygmaea d'Orb.	51.
502—509:	angulosa Williams	51.
510—511:	Sagrina dimorpha Park. & Jones	52.
512—516:	Chilostomella ovoidea v. Reuss	53.
517—519:	Allomorphina trigona v. Reuss	53.
520—526:	Polymorphina gibba d'Orb.	55.
527—528:	acuta Roemer	56.
529—534:	rotundata Bornem.	57.

TAB. X.

Tab. X.

Figg. 535—536: Polymorphina angusta EGGER......
    537—538:   acuta ROEMER.
    539—553:   compressa D'ORB.
    554—556:   irregularis D'ORB......
    557—558:   Thouini D'ORB.....
    559—578: Cristellaria rotulata LAMCK............
    579—584:   articulata v. REUSS.......
    585—586:   crassa D'ORB.
    587—592:   gibba D'ORB................
    593—595:   variabilis v. REUSS......

TAB. XI.

Tab. XI.

Figg. 596—613: Cristellaria crepidula v. Reuss
     614—615:   spinigera Brady
     616—622:   complanata v. Reuss
     623—629:   Sauleyi d'Orb.
     630—637:   subarcuatula Montag.
     638—640:   navicula d'Orb.
     641—642:   elegantissima Costa
     643—645:   Bradyi Goës
     646—655: Vaginulina laevigata Roem.
     656—661:   glabra d'Orb.

TAB. XII.

Tab. XII.

Figg. 662. 663: Vaginulina badenensis d'Orb.
Fig. 664: linearis Montag.
665: striatocostata v. Reuss.
666: costata Batsch.
Figg. 667—671: Nodosaria communis d'Orb.
672—688: pauperata d'Orb.
Fig. 689: Boueana d'Orb.
690: soluta v. Reuss.
Figg. 691—696: obliqua Lin.

TAB. XIII.

Tab. XIII.

Figg. 697—699:	Nodosaria obliqua Lin v. vertebralis Batsch...	p. 70.
Fig. 700:	seminuda v. Reuss............	71.
701:	striolata Goës.	71.
Figg. 702—703:	laevigata d'Orb.	71.
704—705:	aequalis v. Reuss	72.
706—707:	laevigata d'Orb.	71.
Fig. 708:	aequalis v. Reuss	72.
709:	laevigata d'Orb.	71.
Figg. 710—711:	aequalis v. Reuss	72.
712—713:	calomorpha v. Reuss	72.
714—715:	(Lingulina) carinata d'Orb.	73.
716—718:	scalaris Batsch.	73.
719—722:	Lagena laevis Walk. & Boys.	74.
Fig. 723:	hispida v. Reuss.	74.
724:	tuberculata Karrer.	75.
Figg. 725—727:	clavata d'Orb.	75.
728—730:	gracillima Seg.	75.
Fig. 731:	elongata (Ehrenb.) Brady	75.
Figg. 732—736:	striata d'Orb.	75.
Fig. 737:	semistriata Williams.	76.
738:	gracilis Williams.	77.
Figg. 739—740:	distoma Park. & Jones	77.
Fig. 741:	globosa Walk. & Jac.	77.
Figg. 742—744:	sulcata Walk. & Boys	78.
Fig. 745:	squamosa Montagu.	74.
746:	hexagona Williams.	80.
747:	apiculata v. Reuss.	80.
Figg. 748—751:	marginata Walk. & Boys.	81.
Fig. 752:	lagenoides Williams.	83.
753:	striatopunctata Park. & Jones	83.

TAB. XIV.

Tab. XIV.

Figg. 754—762: Globigerina bulloides d'Orb.
763—765:   "   inflata d'Orb.
Fig. 766:   rubra d'Orb.
767:                     aequilateralis Brady
Figg. 768—769:   conglobata Brady
Fig. 770: Sphaeroidina bulloides d'Orb.
Figg. 771—772: Pullenia sphaeroides d'Orb.
Fig. 773:   "   quinqueloba v. Reuss

TAB. XV.

Tab. XV.

Fig. 774: Planorbulina lobatula WALK. & JAC.................
Figg. 775—776: Planorbulina refulgens MITRT.......
Fig. 777: „ Wüllerstorfi SCHWAG..
Figg. 778—779: „ Akneriana D'ORB.....
Fig. 780: „ Ungeriana D'ORB......
Figg. 781—783: „ coronata PARK. & JONES
    784—785: „ ariminensis D'ORB............
Fig. 786: „ mediterranensis D'ORB.
    787: Gypsina inhaerens SCHULTZE....................
    788: „ vesicularis PARK. & JONES v. intermedia GOES
    789: Rupertia stabilis WALLICH......... ......
    790: Discorbina Berthelotiana D'ORB........
    791: „ parisiensis D'ORB...........
    792: „ rosacea D'ORB..................
    793: „ globularis D'ORB..............
Figg. 794—795: Discorbina obtusa D'ORB......

TAB. XVI.

Tab. XVI.

Fig. 796: Discorbina Vilardeboana d'Orb. ......
Figg. 797—800: Pulvinulina punctulata d'Orb.
Fig. 801:   repanda Ficht. & Moll. ...
Figg. 802—803:   concentrica Park. & Jones .
     804—806:   dispansa Brady...
Fig. 807:   Karsteni v. Reuss
    808:              elegans d'Orb.
Figg. 809—810:   auricula Ficht. & Moll.
Fig. 811: Rotalina Beccarii Lin. ... .
    812:         Soldanii d'Orb., ad quam pertinet et figura, non signata supra fig. a
    813: Polystomella arctica Park. & Jones

TAB. XVII.

Tab. XVII.

Fig. 814: Polystomella sibirica GOES
Figg. 815—? 816: Polystomella striatopunctata (FICHT. & MOLL.) PARK. & JONES
  817—819:   subnodosa V. MÜNST.
  820—821:   crispa LIN.
Fig. 822:   crispa in striatopunctatam transiens
Figg. 823—824: Nonionina umbilicatula MONTAG.
  825—826:   depressula WALK. & JAC.
  827—828:   stelligera D'ORB.
Fig. 829:   Boueana D'ORB.
  830:   Scapha FICHT. & MOLL.
  831:   ? Scapha arenacea
  832:   turgida WILLIAMS
  833: Operculina ammonoides GRONOV.

TAB. XVIII.

Tab. XVIII.

Figg. 834—834 c: Cornuspira foliacea PHIL. ....
Fig. 835: striolata BRADY ....
Figg. 836—836 c: Spiroloculina planulata LAMCK..
Fig. 837: limbata D'ORB...
Figg. 838—838 a: Miliolina seminulum LIN.
Fig. 839: inornata D'ORB...

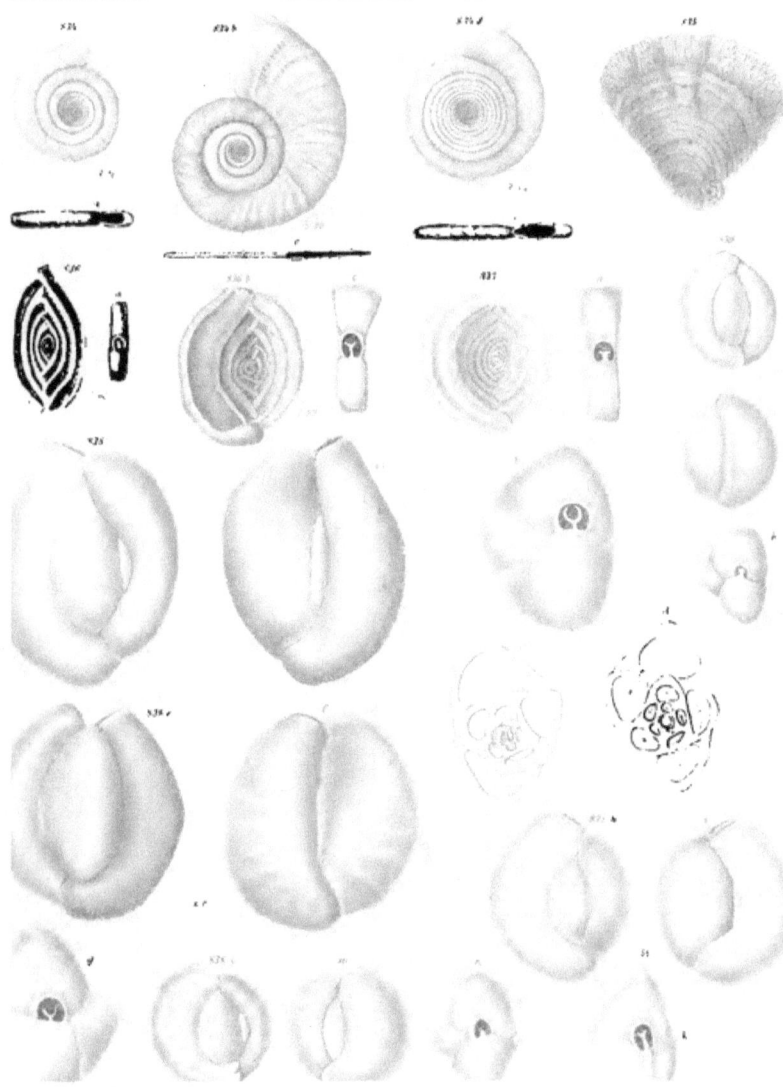

TAB. XIX.

Tab. XIX.

Figg. 840—843: Miliolina seminulum Lin. ....
    844—844 c: Auberiana d'Orb. ....
Fig. 845:   Candeiana d'Orb.
Figg. 846—847 b: subrotunda Walk. & Boys ....
    848—848 b: agglutinans (d'Orb.) Park. & Jones

TAB. XX.

Tab. XX.

Fig. 849: Miliolina agglutinans PARK. & JONES.
Figg. 850—850 f: Miliolina oblonga MONTAG.
  851—852:   contorta. ....
Fig. 853:   concava V. REUSS
Figg. 854—854 g: polygona D'ORB. ......
Fig. 855:   bicostata D'ORB. ....
Figg. 856—856 g: secans D'ORB. ... .
Fig. 857:   elegans WILLIAMS.
  858:        angulata WILLIAMS.

TAB. XXI.

Tab. XX.

Figg. 859—859 c: Miliolina angulata Williamson..............
    860—861 c: bicornis Walk. & Boys........
    862—864   pulchella d'Orb. ....
Fig. 865:   Rouxana d'Orb............
Figg. 866—869:   tricarinata d'Orb...

TAB. XXII.

Tab. XXII.

Fig. 870: Miliolina trigonula Lamck.
 871: valvularis Brady
Figg. 872—882: Biloculina simplex d'Orb.
 883—884: comata Brady
Fig. 885: simplex d'Orb. var.

TAB. XXIII.

Tab. XXIII.

Figg. 886—887: Biloculina simplex d'Orb.
 888—889: „ abyssorum Goës
 890—903: Miliolina bucculenta Brady

TAB. XXIV.

Tab. XXIV.

Figg. 904—905: Miliolina bucculenta Brady .... p. 118.
    906—913: Biloculina elongata d'Orb. .... 119.
    914—918:   laevis Defr. .... 119.

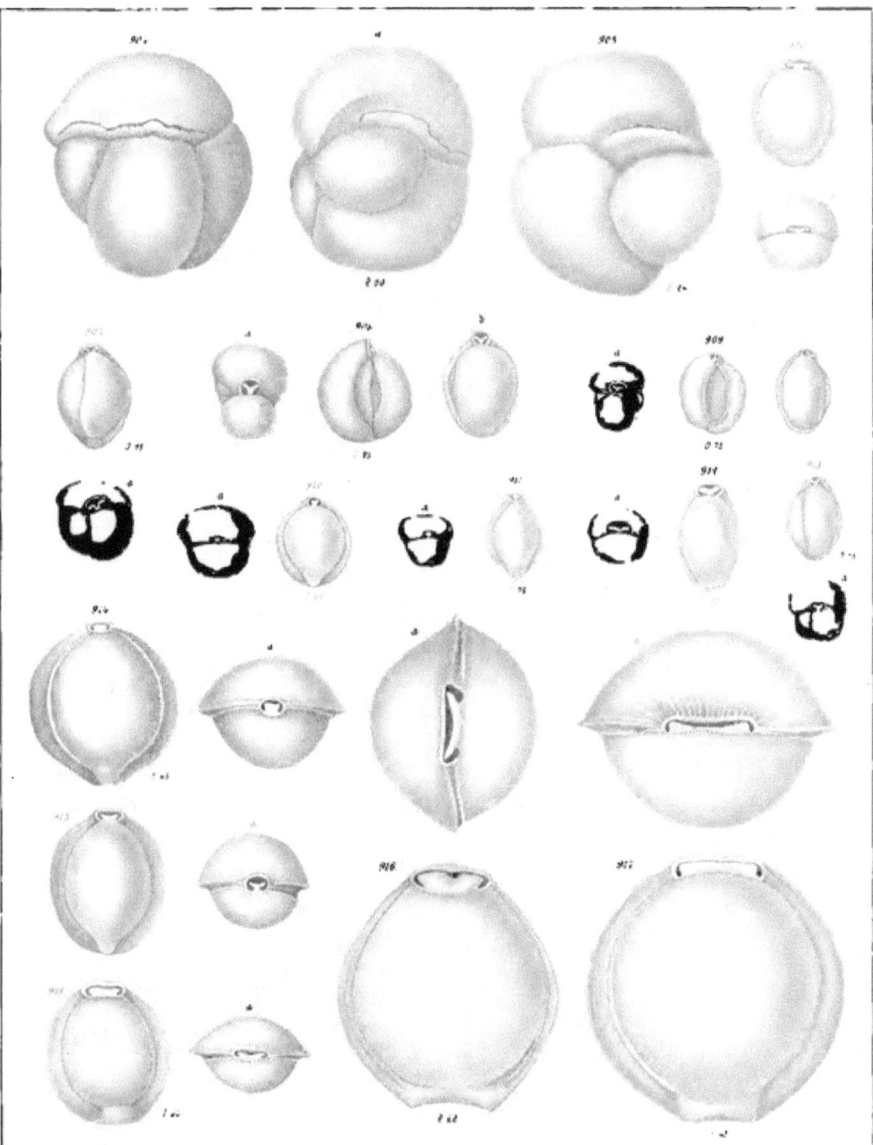

Tab. XXV.

Figg. 919—920: Biloculina arctica GOES
   — 921—925:   — depressa D'ORB.
Fig. 926:   — serrata BRADY
   927:    — sphaera D'ORB.
   928:    — saccata GOES
   929:    — quadrangularis GOES
   930: Ceratina trochamminoides GOES

www.ingramcontent.com/pod-product-compliance
Lightning Source LLC
Chambersburg PA
CBHW021831230426
43669CB00008B/937